京都のいいとこ。

本当に訪ねたい店・人・景色

大橋知沙

朝日新聞出版

はじめに

京都のいいところって、どこでしょう？

1200年の歴史が息づく古都、
桜に紅葉、寺社、石畳、町家に京料理……。
そのどれも京都の魅力に違いないけれど、
一番の宝物は、それらを守る店や人が
「京都の今」とともに呼吸しながら、
現在進行形で紡いでいる物語にあります。

伝統や風習を大切にする一方で、
季節のしつらえに遊び心を加え、
新しいものや異国の文化を取り入れることも忘れない。
そんな姿勢が、店や人、街の景観や
四季折々の景色にも宿っているのは、
古さと新しさが当たり前に共存する京都だからこそ。

この本には、
店主のしなやかな感性と、心動かすもの、空間に出合える
約90軒の店や場所をおさめました。
また、私自身が京都で暮らす中で、
なくてはならない存在になった店や品、お気に入りのエリアも
あわせて紹介しています。

そこで見た景色、記憶に残るひと皿、季節の香りや店主の言葉は
この街にしかないものばかり。

この本が、手にとってくださった人それぞれの
「京都のいいとこ」に出合うヒントになれば幸せです。

目次

・料金はすべて税込で記載しています。※サービス料が発生する場合があります。
・原則として、お盆、年末年始を除く定休日のみ表示しています。詳細は各店舗にお問い合わせください。
・本書に掲載したデータは2019年5月の取材調査に基づくものです。
店舗やメニュー、商品の詳細については変更になる場合がありますので、あらかじめご了承ください。
・本書に掲載された内容による損害等は弊社では補償しかねますので、あらかじめご了承ください。

岡崎・左京区

北山・西陣・紫野

京都駅・五条

ちょっと遠くへ

HEIANJINGU
平安神宮

桜と朱色が響き合う
広大な庭園

平安遷都1100年を記念し創建された、明治維新後の京都復興のシンボル。約1万坪の池泉回遊式庭園は紅しだれ桜の名所で、朱塗りの社殿とピンク色の桜のシャワーが織りなす鮮やかなコントラストは、何度見ても晴れやかな気持ちになります。

data
MAP P218 ⑤　☎075-761-0221
京都市左京区岡崎西天王町97
6:00～18:00（神苑拝観8:30～17:30）
拝観料：無料、神苑600円

御所周辺

Gosho area

p.10-45

心地よくて、センスの良い一軒を訪ねて

天気の良い日、予定のない休日、
桜が咲いた、新緑が見ごろ。
京都に住んでいると、
そんな時はたいていこう口にします。
「御所でも散歩しよか」
正確には、宮家や公家跡が公園となった緑地は
「京都御苑」と呼ぶのですが、
京都の人が「御所」と言えば、
あの緑豊かな憩いの場を指すことが多いのです。
閑静で文化的な空気に呼応するように
周辺は、知的なセンスにあふれるお店がたくさん。
心うるおすひと、もの、こととの
出あいを楽しみに歩いてみてください。

冬夏

toka

No.01　御所周辺

眺めて味わう煎茶
うつくしくて、おいしくて

煎を重ねるごとに、うつろい、生まれ変わる煎茶の味わい。一軒家ギャラリーに併設された「冬夏」では、そんな知的な楽しみを体験することができます。

6席のみのカウンターは、目の前で煎茶をいれる美しい所作を眺めながら、その味に心を傾けることができる場所。6月ごろ～お盆前までの新茶の季節だけは最初に、氷だし煎茶でもてなされます。氷のみで茶葉のうまみを引き出した一杯は、煎茶とは思えないほど濃厚。お茶を味わうための感覚を、ここから一気に目覚めさせるような力を秘めています。

一煎、二煎と煎を重ね、フレッシュな甘みから、徐々に心地よい渋みへ変化する風味を楽しみます。やがてお菓子との相性、庭のしつらえ、茶器の意匠へと意識はめぐり、飲み終えるころには美しい短編映画を鑑賞したかのような充実感に満たされます。

うまみの凝縮された最後の一滴まで注ぎ切ることが大切

data

冬夏［とうか］
MAP P215 ①　☎075-254-7533
京都市上京区信富町298
10:00 ～ 18:00
火曜定休

冬夏の茶葉は、滋賀県朝宮地方で40年以上オーガニック栽培に取り組む農家から仕入れたもの。オーナーの奥村文絵さんが生産地へと通い、品種ごとに異なる畑の状況や作り手の声に耳を傾けながらレシピを完成させました。

「新茶葉の収穫は一年に一度ですから、40年続けても40回しか成果を得られません。スピードの求められる現代の感覚とは全く違う。自然との果てしない対話なのだと、農家さんから教わりました」

そうして収穫されたお茶は、品種はもちろん、その年の気候によっても味わいが変わります。奥村さんは言います。

「自然の産物なのだから、それでいいんです」

自然と対話しながら育まれた茶葉が、美しい所作によって開き、味わうたびに違う表情を見せる。上質な煎茶をじっくりと楽しむことは、壮大な自然の恵みと人の手による文化の豊かさを、同時に味わうことなのかもしれません。暮らしに身近なお茶の存在を、新しい文化にふれる気持ちで見つめ直したら、きっと最後の一滴までが心をとらえてはなさないことでしょう。

1.「sencha_yabukita_tezumi_2019」(2,300円)。水ようかんとおかきが付き、7～8煎ほど楽しめる。2.ティールームの奥には「日日《にちにち》」というギャラリーがあり、冬夏で扱うお茶やお菓子、茶器をはじめ、日々の暮らしを豊かにしてくれるような工芸品を販売。3.茶葉は購入可能。新茶をはじめ、品種や製法、収穫年ごとに10種類以上がそろう。中には無施肥で栽培したものや、数年熟成した茶葉なども。4.古い塀の奥につつましく掲げた看板が目印

1 2
3 4

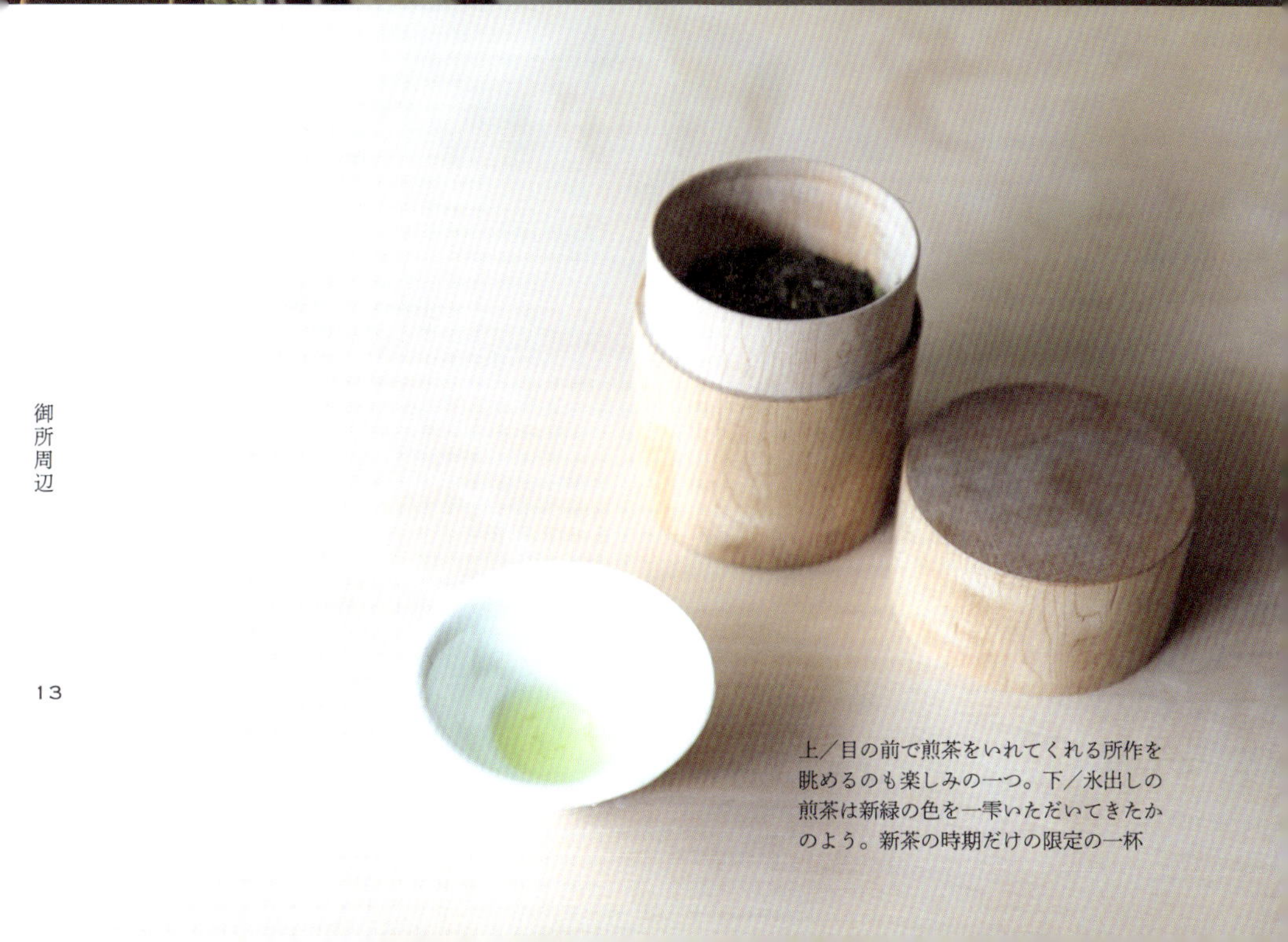

上／目の前で煎茶をいれてくれる所作を眺めるのも楽しみの一つ。下／氷出しの煎茶は新緑の色を一雫いただいてきたかのよう。新茶の時期だけの限定の一杯

ビストロ ベルヴィル・トルビアック

Bistrot Belleville, Tolbiac

No.02　御所周辺

上／廊下の奥と手前、二つのドアがそれぞれの店の入り口。
下／ベルヴィルでいただける「旅する朝食」のコースの一品、クロックマダム

扉の向こうに、匂い立つ異国の気配

「飛行機の乗り継ぎ時間が十数時間あったら、立ち寄った国の料理を2食も食べられます」

　フランス料理店「ビストロ ベルヴィル」とタイ料理店「トルビアック」、二つのレストランを一人で切り盛りする店主の野久尾啓《のくおけい》さんはそう話します。短い滞在も含めると、40カ国以上を旅したという根っからの旅行好き。観光客向けのレストランではなく、その国に根ざした郷土料理を出す店に惹かれ、自らの舌に覚え込ませてきました。二つの料理店が厨房をはさんで同居するという営業形態は、そんな店主の旅好きが体現されたもの。入り口を入るとまず長い廊下があり、お客様はそれぞれ予約した店の扉を開きます。

「さまざまな言語や文化、人種の入り交じった場所に身を置くと、自分が今どこにいるのかわからなくなる、あの気分が好きなんです。ここでは二つの店を同時に予約することはできませんが、厨房を隔てて別の国の気配があることで、その浮遊感を味わってもらえたら」

「ビストロ ベルヴィル」の店名は、パリ東部にある移民街の地名から。この地域はモロッコやチュニジアの食文化に強い影響を受け、「おしゃれなパリ」とは違ったフランスの側面があるそう。メニューに並ぶのも素朴な郷土料理が中心。フランス惣菜の定番ながら異国にルーツを持つなど、複雑な食のレイヤーを一口で体験するような料理に魅了されます。

1.小さな一角にもその国の空気が漂う。2.食事は朝昼夜すべてコースのみ(朝3,800円、昼夜4,800円)で、料理を自分で選べるプリフィクス・スタイル。3.ベルヴィルはフランスの古道具が彩る空間

1
2
3

「カイジャオ」は、タイ料理の中でも中華料理の影響を感じさせるもの。中はふんわり、外側はカリッと揚げ焼きにした卵焼きで、ナンプラーのうまみが後を引く

一方、タイ料理店「トルビアック」は、極彩色の雑貨やミリタリーの調度品がアジアの熱気を匂わせる空間。「トルビアック」はアジアの地名ではなく、こちらもパリの13区にある大きな中華街のある地域。東南アジアからの移民が多いため、中華だけでなくタイ、ベトナム、ラオス、カンボジアなど、実にさまざまな料理店が混在するといいます。その混沌とした街にあるような料理店が、「トルビアック」の目指す姿。パッタイやトムヤムクンといった、日本人に人気のタイ料理はここにはありません。出されているのは、日本での知名度は低いけれど、タイの家庭や屋台で現地の人々が日常的に食べている料理。野久尾さんが自ら旅して味わった、タイのさまざまな地方の料理を、なるべく現地の味わいに忠実に再現しています。

耳慣れない名の空港で乗り継ぎを経て旅してきたような、ある国の移民街や国境の街に迷い込んだような、ワクワク感と少しの心もとなさが入り混じった気持ち。あらゆる国のエッセンスを含んだこの店で味わえるのは、そんな旅の高揚感と浮遊感です。食事を終えて店のドアを開ける時、まるで一つの旅が終わってしまうかのようなさびしさを感じるかもしれません。けれど、そのセンチメンタルな気持ちも旅の醍醐味。次にこの店を訪れたときには、また別の国の扉を開けられそうな気がします。

1
2
3

1. キッチュな色使いのインテリアが印象的。2. 東南アジア諸国のムードが入り混じった調度品。3. どちらの空間からもちらりと垣間見える厨房の一角

data

ビストロ ベルヴィル(フランス料理店)
☎075-708-7894
京都市中京区常盤木町49-201
朝食9:30 ～11:00最終入店(2日前までに要予約、2名～)／ランチ12:00 ～13:30最終入店(前日までに要予約、2名～)／ディナー18:00 ～21:30最終入店(当日16:00までに要予約)不定休

トルビアック(タイ料理店)
☎050-3555-0530
京都市中京区常盤木町49-202
朝食9:30～11:00最終入店(2日前までに要予約、2名～)／ランチ12:00 ～13:30最終入店(前日までに要予約、2名～)／ディナー18:00 ～21:30最終入店(当日16:00までに要予約)不定休
MAP P215 ①

赤い壁の通路の先にあるトルビアックの空間

たおやかな女性オーナーが営む李朝喫茶へ

出町柳の路地裏にたたずむ、朝鮮王朝時代の美しい調度品に囲まれた韓国軽食店「李青」。舌の肥えた客や骨董好きなど多くのファンを持つ店の2号店がここ「寺町 李青」です。

「出町柳の店は、食や美術を通じて韓国の文化を伝えられればと51歳で始めました。それから20年目にして2店目を出す機会に恵まれ、ここは私の自宅に招くような感覚で、和・洋・韓を織り混ぜた空間にしようと思ったんです」

そう語るのは、オーナーの鄭玲姫《チョンヨンヒ》さん。土蔵付きの古民家を改装した店内には、鄭さんが自宅で使っていた美しい家具や調度品が並びます。凛とした空間を引き立てるように流れるのは、バッハの旋律。店内のしつらえも、北欧のオブジェや日本の作家の工芸品など、韓国に限らずさまざまな国のエッセンスが巧みに取り入れられています。

寺町 李青

teramachi risei

No.03　御所周辺

オリーブグリーンのタイル壁が印象的なカウンター。照明や工芸品など、北欧や和の作品も織り交ぜて飾られている

1.千利休など日本の茶人も愛した朝鮮王朝時代の美術。店のあちこちに、その魅力を伝えるしつらえが。2.片隅で店を見守る韓国の木偶人形。3.柔らかな窓辺の光に照らされた「喫茶」の書が心に響く

1

2 3

植物の根や木の実を煎じて作られる韓国茶は、体を温め滋養を付けるお茶として、高麗時代から民間でも飲まれてきたもの。野趣あふれる香りと体に沁みわたる温もりは、心を解きほぐす不思議な力があります。おなかを満たしたいときは、ぜひ看板メニューの「黒毛和牛のカルビサンド」を。さっとあぶった和牛をキムチの酸味がピクルスのように引き立て、噛みしめるほどに肉汁が極上のハーモニーを奏でます。

店の一角には、韓国から買い付けた古物や雑貨、店で使用しているうつわの販売スペースも。それは、韓国の文化や芸術にふれてほしいと願う鄭さんが「ずっとやりたかったこと」と言います。「この店では、のんびりとやりたかったことをかなえていきたい。私が70歳で新しいお店を開いたものだから、友人たちはみんな『勇気付けられた』なんて言ってくれます」と鄭さんは笑います。

目利きの集まる京都の街で、時代や国を超えた美しいものを選び取り、上質な空間で迎えてくれる喫茶店。その場所の中心には、新しいことをおそれない、しなやかな女性の姿がありました。

鄭さんが買い付けた韓国の古物や日用品、作家のうつわなどが並ぶ

1.「禅食ケーキ」(500円)。韓国の禅僧が飲む禅食(はと麦・玄米・エゴマ・黒豆など16種類の素材をミックスしたもの)を使い、もっちりとしていて滋味深い味。2.オーナーの鄭玲姫さん。穏やかで知的な会話を楽しみに通う常連客も多い。3.「黒毛和牛のカルビサンド」(1,200円)は、和牛×キムチの黄金コンビにうなる逸品。クコの実、ナツメなどを漬け込んだ「韓方茶」(700円)と

data
寺町 李青［てらまち りせい］
MAP P215 ①
☎075-585-5085
京都市中京区下御霊前町633
12:00～18:00　火曜定休

1
2
3

上／空間の各所に京都の老舗や職人が手がけたしつらえが。下／カフェ限定のスイーツ「フォンダンショコラ」(ドリンク付き・1,200円)。甘さを抑えつつ濃厚なカカオの風味が生きた大人の味わい

村上開新堂

murakamikaishindo

No.04

御所周辺

上／当主の村上彰一さん。新商品の開発や催事への参加など新しい取り組みを続けている。下／縁側からは坪庭を眺めることができる。奥には授乳室も

data
村上開新堂［むらかみかいしんどう］
MAP P215 ①　☎075-231-1058
京都市中京区常盤木町62
カフェ 10:00 ～ 17:00（16:30L.O.）／
物販 10:00 ～ 18:00
日曜・祝日・第3月曜定休

京都で一番古い洋菓子店の新しい場所

美しいタイルの床やレトロなショーケースを残す〝京都最古の洋菓子店〟の奥に、ひっそりとカフェがオープンしました。看板も案内もないけれど、歴史を感じる建物の奥にモダンで端正な空間の気配があり、訪れた人を引き寄せます。

カフェを企画したのは、4代目当主・村上彰一さん。村上開新堂の定番であるクラシカルな洋菓子を買いにくるお客様からの「せっかくだからここで食べてみたい」という声を受けて実現しました。「老舗のストーリーを大切にしながらも、『自分たちの世代が作った』と言えるものでお客様をもてなしたかったんです。ここでは、昔ながらのロシアケーキも、若い職人たちと作った限定のデザートも食べていただけます。新しいことに取り組むことで、次世代へ歴史をつないでいけたら」

老舗の「今」を表現したデザートを堪能したら、レトロな洋菓子をお土産に。甘いものが紡ぐひと続きの物語を味わえるはずです。

data

ブション
MAP P215 ①　☎075-211-5220
京都市中京区寺町二条榎木町71
11:30 〜 14:30最終入店／
17:30 〜 21:30最終入店
木曜定休

1.ハラミのグリエ（＝ステックフリット）のほか、煮込みや魚料理など4種類からメインを選べるランチ(1,340円)。2.スタッフの玉田裕一さん。フランス語のメニューや黒板も玉田さんが手書きしている。3.デザート付きのランチ(1,540円)もあり10種類ほどから選べる。こちらはチョコレートのムース。4.チェックのテーブルクロスに、整然と並ぶカトラリーや花が清々しい

ブション

Le Bouchon

No.05　御所周辺

魅惑のフレンチステーキ 思い出したら、食べたくなる

「ステックフリット」。シンプルなステーキにフライドポテトを添えた一皿を、フランスではこう呼びます。赤身肉をメートルドテルバターとマスタードで楽しむこの料理は、フランスの国民的なランチメニュー。1999年のオープン以来、素朴なフランスの食堂の味を提供し続けるこのビストロの定番料理です。

「特別な日にいただくフレンチのディナーがある一方で、うちで出しているのは日常的な料理。肩ひじ張らずに食べられるから、〝初めてのフランス料理〟に選んでいただくこともあります」

そう話すのは、約20年スタッフを務める玉田裕一さん。メニューにはオーナーシェフが得意とするリヨン料理のほか、フランスではなじみ深い料理が並びます。

とろけるような肉質を好む日本人にとって、〝よく噛んで味わう〟ステーキは異国の食文化。けれど、ブションが貫いてきたオールドスタイルな食堂の味は、いつしか京都人の胃袋をがっちりとつかみました。弾力のありそうな見た目に反して、柔らかく心地よい歯ごたえ。噛むほどにあふれる肉汁に、自然とパンとワインが欲しくなります。その味と食感は鮮やかに記憶に残り、「今日はお肉の気分だな」という日に、真っ先に頭に浮かぶ不思議な力があるのです。まるで、通い慣れた食堂の味を思い出すかのように。

「同じことをしているようで、毎日は少しずつ違います。でも、続けているからこそ、また会える人がたくさんいます」

日々、ホールでお客様を迎える玉田さんはそう言います。世界中から人々が訪れ、さまざまな食文化が交差する京都だからこそ、いつもの味がそこにあるという喜びがある。食べた人を虜にするステックフリットは、何度でも〝食堂〟の扉をたたきたくなる魔法のひと皿です。

1 2 3 4

わたしの京都歩き

1 ［御所周辺］

スマホに残った日々の記録から
くり返し訪ねている、お気に入りの店をご紹介。
京都御苑にも鴨川にも近いこのエリアは
買い物と散歩を兼ねた休日のお出かけに。

グリオットは、大人のシンプル＆フレッシュなセンスが素敵な花屋さん。作家のうつわも時々入荷します。店主の松本恭枝さんがインスタグラムで綴る暮らしも憧れ。

MEMEMEではポップなピエロがこちらを向いた「豆腐と野菜のスパイスマリネサンドウィッチ」を。このスパイスの香り、一度食べると忘れられません。

店主の晴航平さんがエッジの効いたZINEを紹介してくれました。洋書のようで、ページをめくると京都や民芸にも広がる世界に、コーヒーを飲みながら読みふけります。

雑居ビルの4階にある民の物(→P101)。エレベーターがないのでふーふー息を切らし階段を上がると、素敵な看板に迎えられます。

ヨーロッパや東欧の古いものが中心。インテリアに取り入れやすくも洗練されすぎず、その国の風土を感じる。そんなセレクトがツボです。

移動はもっぱら自転車か地下鉄。河原町通から地下鉄の駅へと向かうなら、ついつい立ち寄ってしまうのが**ひつじ**です。

もっちり食感のドーナツは、酵母のほのかな酸味がクセになる味。きなこ、和三盆、シナモンなど食べる直前にまぶしていただきます。

素材の掛け合わせと丁寧な献立にいつも感嘆する**まつは**。パウンドケーキはハーフも選べるのがうれしい。コクの深いコーヒーも美味です。

店内にはポートランドに魅せられた晴さんの集めたヴィンテージの雑貨がガチャガチャと。古びた味わいとファニーさのさじ加減が絶妙で居心地良いのです。

荒神橋のたもとから鴨川へ。川沿いを通って丸太町通まで歩くも良し、ベンチでのんびりするも良し。ただし、食べ物を持っている時はトンビに注意です。

河原町丸太町周辺に来たら、必ず立ち寄るのが**Kit**(→P101)。作家もの、チープなあれこれ、古道具、何かしら欲しいものに出合ってしまう危険な店です。

＊掲載店の位置情報はすべて［MAP P215 ①］

京都小慢

kyoto xiaoman

No.06 御所周辺

京都と台湾
中国茶がつなぐもの

ともすれば通り過ぎてしまいそうなつつましい外観に、和紙の下に透かし見える「京都小慢」の表札。ここは、台湾の台北で美しい工芸とともに中国茶の魅力を伝えている茶藝館「小慢」の、海外初となる姉妹店。格子戸を開けると、上がりかまちの向こうでひそやかに息づく、凛とした世界観に吸い寄せられます。

訪ねた日は、岡山在住の陶芸家・河合和美氏の個展中。手びねりで造形される陶器は現代アートのようです。マットな質感の壁は、京都の和紙職人・ハタノワタル氏によるもの。こうした日本の現代工芸作家にいち早く着目し、紹介してきたのがオーナーの謝小曼《シャシャオマン》さん。作り手にとって、台湾での初個展が台北の小慢ということも少なくありません。

「謝小曼は、日本の大学を卒業した後大手百貨店でバイヤーを務め、日本の工芸の優れた美を肌で感じてきました。台北に茶藝館をオープンして10年。その間人々の意識が、生活の中に美を見出すかたちへと変化してきたと言います。節目となるこの年に、中国茶を外国へと発信する新たな場所として、歴史ある京都を選びました」と、スタッフの辰巳香織さんは話します。

1 / 2 3

1. 自然生態の茶葉が常時数種類そろう。2.黒谷和紙の表札もハタノワタル氏が手がけた。3. 築100年の町家の躯体を生かしつつも、モダンさの漂う新感覚の和空間が広がる

data

京都小慢
［きょうとしゃおまん］
MAP P215 ①
京都市上京区幸神町313
金～月曜12:00 ～18:00
火～木曜定休

ギャラリーとして営業しながら、月に1度、3日間の中国茶教室も開かれます。一年をかけて基本的な知識といれかたを学ぶコースは、全国から受講者が通うほどの人気。謝小曼が厳選した自然生態(肥料も農薬も使わず、野生に近い状態で栽培すること)の茶葉を使い、生命力あふれる中国茶を実践を通して味わうことができます。

「中国茶は、様式や作法の自由度が高いので、リラックスしてお茶席を楽しめることが魅力です。もちろん、教室では美しい所作や正しいいれかたを身につけることを目的としていますが、ご家庭では最小限の茶器と茶葉から始め、中国茶の楽しみを知っていただけたら」

日本の工芸と台湾の茶文化。二つの美意識に磨かれた審美眼を持つオーナーが、二つの国で実現しようとしていること。それは、互いの優れた文化を敬い、美しいものを見つめる心やおいしいと感じる喜びを共通言語にして、新しい感性を創造すること。日本の作家の茶器に注がれた香り高い一杯の中国茶が、台湾から京都へ、京都から台湾へと、心を旅立たせてくれることでしょう。

上／茶葉は週替わりでおすすめをテイスティングできる。この日出してくださったのは「岩茶」と呼ばれる珍しい品種の「武鳳《ウフォン》」。口に含んだ直後に鼻に抜けるマスカットのような香りに驚く。下／茶器ではあるが料理や花器にも応用できそうなうつわが並ぶ。

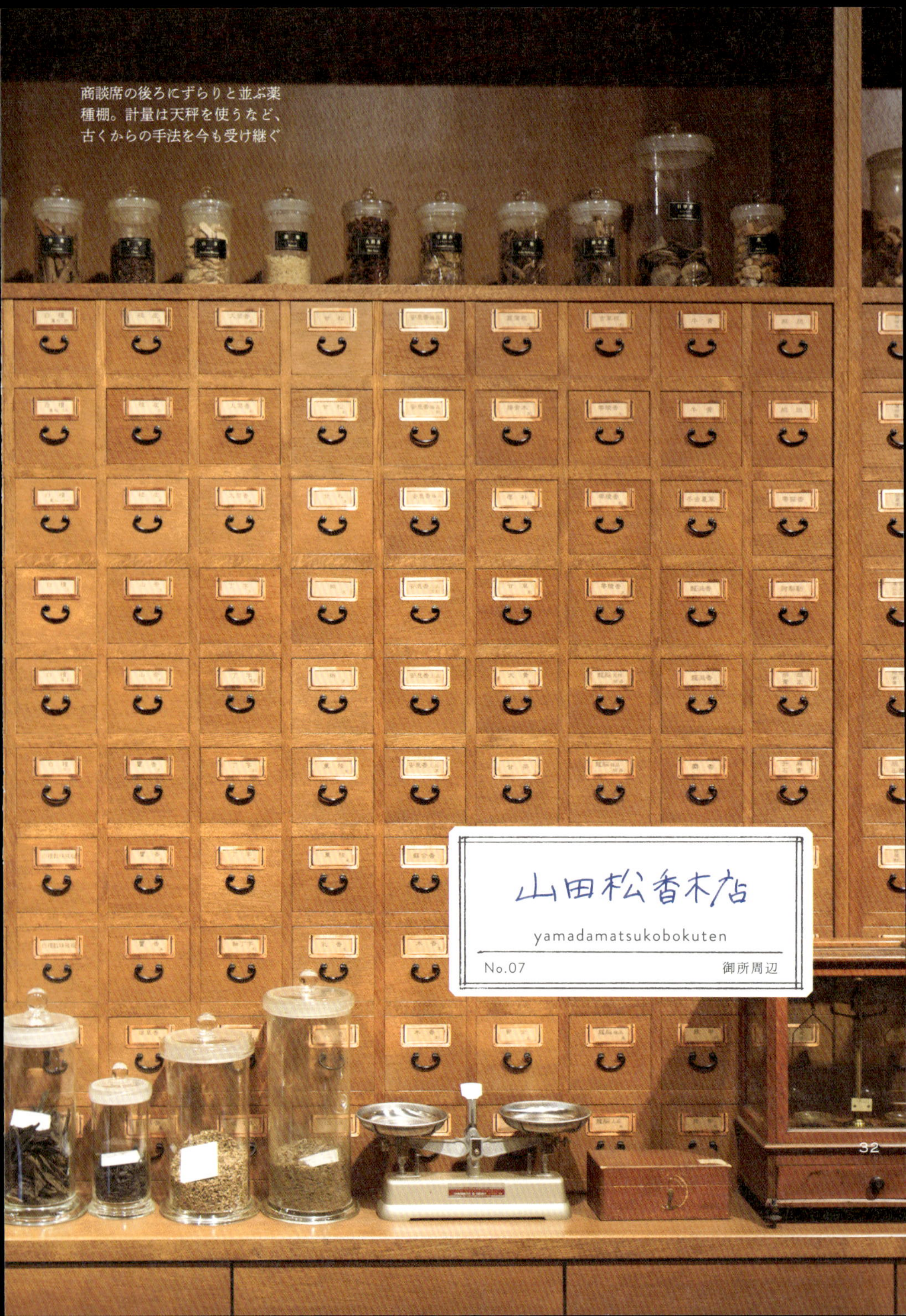

商談席の後ろにずらりと並ぶ薬種棚。計量は天秤を使うなど、古くからの手法を今も受け継ぐ

山田松香木店

yamadamatsukobokuten

No.07 御所周辺

右／お手本を見せていただきながら一つひとつ工程を進める。左／「聞香実践体験」(2,500円／1名)は月～金曜の1日3回実施。電話にて要予約

和の香りの調べに耳を澄ませば

香りを「聞く」。香りの個性に心を傾け、その調べや味わいをゆっくりと反芻することを「聞香」といいます。古くからお香は日本の信仰や暮らしに欠かせない存在でしたが、聞香が文化として花開いたのは室町時代。茶道や華道と同様に、香道にも作法や様式が確立され、徐々に文化的に成熟していきました。

現在では線香や文香などで親しまれる日本の香りですが、その歴史は「香木」という樹木の香原料が原点。この香木をはじめ、江戸時代から薬種・香原料を扱ってきたのが「山田松香木店」です。

併設のサロンで参加できる体験のうち、「聞香実践体験」は、自分で香炉を整え香木をたくところから香道にふれられるもの。整然と並ぶ道具のたたずまいは、背筋が伸びるような気持ちになります。

体験する香りは、香木の中でも最上品とされる「伽羅《きゃら》」に加え、香りの性質ごとに6種類に分けられた「六国《りっこく》」の中から選ぶことが可能。美しい所作の実演を見せていただきながら、自らも手を動かし、感覚を研ぎ澄ませて香りに向き合います。

ふれるとほんのり温かい香炉には、火をおこした炭が埋まっています。香木をたく前に灰をほぐし、なだらかな円錐形に整えてゆく動作は大変な集中力を要するもの。実際にやってみると、スタッフの方の無駄のない動きがいかに熟練の所作であるかがわかります。灰山ができあがったら、火箸を垂直に入れ、香木に熱を伝える火窓を開けます。銀葉《ぎんよう》と呼ばれる雲母板《うんもばん》の上にそっと香木をのせたら、ほどなくして奥ゆかしい香りが漂いはじめます。

1

2

3

4

1.香炉にくべる香木はほんのひとかけら。2.香りを聞くにも作法が。香炉の正面を外して顔を近づける。息を吐く時は顔を脇にそらす。3.香木はそのままでは香らず、たくことで初めて香り立つ。セレクトの際はそれぞれの特徴を尋ねて。4.体験後に味わえる季節のお菓子とお茶のセット。薬種商としてスパイスや生薬も扱うため、シナモンやクローブなど身近なスパイスをお菓子に加えて、ここでも香りに親しむ工夫がされている

data
山田松香木店
[やまだまつこうぼくてん]
MAP P215 ①
☎075-441-1123
京都市上京区勘解由小路町164
10:00～17:30
無休

灰山を作ったらいったん香炉の縁をきれいにはらい、再度「灰押え」で山を整える

ここからは、香りを聞く時間。左手に香炉をのせ、お茶席の作法のように反時計回りに半周させて正面を外します。香炉を覆うように右手をかぶせたら、そっと顔を近づけ、香りを聞きます。鼻腔を抜け、すうっと体の奥にしみてゆくようなつつましい香り……。知的な印象ながらも、遠い記憶を呼び起こすような親密さが感じられます。

「六国」を聞く時、香りの性質を味に置き換えた「五味」、すなわち甘、酸、辛、鹹、苦のうち何種が含まれているかで、その香りを表現します。「六国五味」と呼ばれるこの鑑賞様式は、化学的な分類ではなく体感的手法で伝承されているそう。初心者が五味を表現するのは至難の業ですが、聞香によって香りが心深くに沈み、第六感を開くような感覚をきっと実感するはずです。

お寺や法要で、匂い袋やお香で、ふと和の香りにふれた時、立ち止まってその深遠な調べを「聞いて」みてください。日本人の暮らしに寄り添ってきた香りの歴史は、日本人の精神や感受性とも結び付いているはず。香りに込められた静かなメッセージに、耳を澄ませてみてはいかがでしょう。

白いのれんと格子窓、「ろうじな」の
小さな看板が目印

蕎麦ろうじな

soba roujina

No.08　御所周辺

ふらり、寄り道したくなる不思議な蕎麦屋

つるりとおなかに収まる、冷たい蕎麦は夏のごちそう。格子窓の向こうで蕎麦を挽く石臼がゆったりと回る「蕎麦ろうじな」は、そんな夏の宵に訪ねたい一軒です。

透き通った冷たいつゆ一面に、薄く輪切りにしたすだちを浮かべた「はりそば」が「ろうじな」の名物。大将の大重貴裕さんが、修業先の京都の蕎麦割烹「なかじん」から受け継いだメニューです。毎日その日に必要な分のかつお節だけを削り出して引いただしに白しょうゆベースのかえしを加えたつゆは、澄んだ見た目からは想像もつかないほど風味豊か。繊細な口当たりの蕎麦をすすると、ふわりとすだちが香り立ち、口の中にいつまでもうまみと香りの余韻が残ります。

「蕎麦と天ぷらだけ、という人もいますし、あれ

「はりそば」(1,000円)の蕎麦は、切る時にとりわけ細く仕上がる部分のみを使う

これとおつまみを頼んで、結局蕎麦を召し上がらない方も(笑)。ちょっと〝大人を気どれる〞のが夜の蕎麦屋の醍醐味なので、自由に食事を楽しんでもらえたら」

「ろうじな」という名前は、大重さんが店を開く前、自宅の近くにあった喫茶店「ロージナ」の響きが気に入り、京都の路地にもあやかって名付けたそう。ロシア語で「故郷」を意味します。和のイメージからは少し外れた、なんだか懐かしくて「おいでおいで」と手招きされているような蕎麦屋の名前。生ぬるい空気の夏の夜、寄り道して帰りたくなったら、のれんをくぐってみてください。

お品書きには、旬の素材を取り入れた肴がずらり

data
蕎麦ろうじな［そばろうじな］
MAP P215 ①　☎075-286-9242
京都市中京区夷川通寺町西入ル北側
11:30 ～ 14:00L.O. ／ 17:30 ～ 20:30
(売り切れ次第終了)
月曜定休

立ち飲みスタイルながら、スツールに体を預けてラクに過ごせる。2階はテーブル席

BEFORE9

No.09 御所周辺

上／左から「のっつどIPA」(L：1,200円)、「パパエール」(M：850円)、「黒潮の如く」(S：700円)。日々在庫が変わるため、銘柄は一例。下／壁付けの8つのタップからその場で注いでくれる

京町家バーに人々が集まる理由

ガラス張りの古い京町家から漂う開放的なムード。その雰囲気に引き寄せられるように、年齢や国籍もさまざまな人々が集い、まだ明るい夕刻からビアグラスを傾けています。京都でビールラバーたちの心をつかんでいるのがここ「ＢＥＦＯＲＥ９」。立ち飲み中心で気軽に気ままに寄り道できる、クラフトビールと日本酒のバーです。

町家の見事な梁があらわになった吹き抜けの空間に、壁に設置された8本のビールサーバー。日本はもちろん世界中からえりすぐったクラフトビールが、日替わりでラインナップされています。「作り手の個性が感じられる醸造酒」を軸に選ばれたビールは、多くがエールビールやＩＰＡという種類。日本の市場に多い炭酸ガス入りのビールとは異なり、発酵時にゆっくりとガスを抜きながら熟成させるため、泡が少なく、香りや風味が際立つ味に仕上がります。フルーティーな飲み口や香ばしくコク深い黒ビールなど、飲み比べると味わいの多彩さに驚くはず。ラインナップは毎日変わるので、繰り返し通っても飽きることがありません。

ＢＥＦＯＲＥ９を手がけているのは、かつて日本酒の酒蔵だった「酒八」。現当主の先々代で醸造は終了しましたが、「職人の手による酒を、街に根ざした場所で国や世代を超えて伝えたい」という思いから、日本酒と同じ醸造酒であるクラフトビールを扱いはじめました。そのため、メニューには日本酒も充実。外国人客もよく訪れ、「ＳＡＫＥ」の魅力に開眼する人も多いとか。

一人飲みに、帰り道に、次の目的地までの中継地点に、ふらりと足が向く場所。通りまで漂うピースフルな空気こそ、最高のビールのおともなのかもしれません。

1.キャッシュオンでドリンクを注文し、セルフで席へ。フードはこちらで注文後、席までサーブしてもらえる。2.壁にはプロジェクターで映像が映し出される。3.手前から「九条葱とグリュイエールチーズのだし巻き」(600円)「スティック野菜 酒粕バーニャカウダ」(700円)など。4.カウンターには酒蔵に残っていたという和のうつわがずらり。5.ガラスに描かれたグラフィティもユニーク

1	
2	3
4	5

data

BEFORE9［ビフォアナイン］
MAP P215 ①　☎075-741-6492
京都市中京区烏丸御池上ル二条殿町545
17:00 ～ 24:00L.O.　不定休

BEFORE9
BEFORE9

BEFORE9

「制作ばかりしていると孤独ですが、
店があることでお客様と話せるのが
うれしいです」と押野さん

革工房Rim

kawakobo rim

No.10　御所周辺

日々に寄り添うレザーアイテムを

京都には、伝統工芸や芸術の分野以外にも、みずみずしい感性でものづくりに取り組む作り手がたくさんいます。「革工房Ｒｉｍ」の押野敬子さんもその一人。古い一軒家のアトリエ兼ショップに、手作りのレザーアイテムが並びます。発色が良く使うほどに味わいを増す植物タンニンなめしの革を使い、色とりどりの糸で縫い上げる品々は、お目当ての品を心に決めていても目移りするほど。旅行中に出合い、そのまま気に入って旅のおともにする人も少なくありません。

店を始める以前は、「あじき路地」という若手作家が職住一体の生活を営む町家長屋で、看板作家の一人として活躍していた押野さん。その経験から「作り手と話せたり、工具や作業風景が見られることで手仕事の良さが伝われば」と話します。

革は、持ち主の日々を映すように色合いが変化していきます。どんどん〝年をとって〟いく様子はいとおしいもの。お気に入りを見つければ、仕事や暮らしの心強い相棒になるはずです。

data

革工房Rim［かわこうぼうリム］
MAP P215 ①　☎075-708-8685
京都市中京区富小路通二条上る
鍛冶屋町377-1
13:00～18:00　月～水曜定休

1.マチ付き名刺ケース(6,800円)、キーホルダー(S・2,800円～)、イヤホン&コードホルダー(1,800円)など。2.古いガラスの建具が印象的な外観。3.アトリエには色とりどりの革が並ぶ。セミオーダーでは好みの革と糸を選べ、名前や日付を刻印してもらうこともできる

1
2
3

御苑の木陰で
小鳥のさえずりを聞きながら

京都御所を中心に、皇族ゆかりの地や公家屋敷跡地を国民公園化した古都のセントラルパーク。2016年より御所は通年無料公開となり、令和を迎えて改めて訪ねたい場所の一つです。写真の「母と子の森」は、木漏れ日の中に「森の文庫」と呼ばれる閲覧自由の書架があり、森林浴を楽しむのにぴったりです。

KYOTO GYOEN

京都御苑

data

MAP P215 ①
☎075-211-6348（京都御苑管理事務所）
京都市上京区京都御苑3
散策自由（「森の文庫」は雨の日を除く
4月～11月 9:00～16:00 開架、
貸出不可）

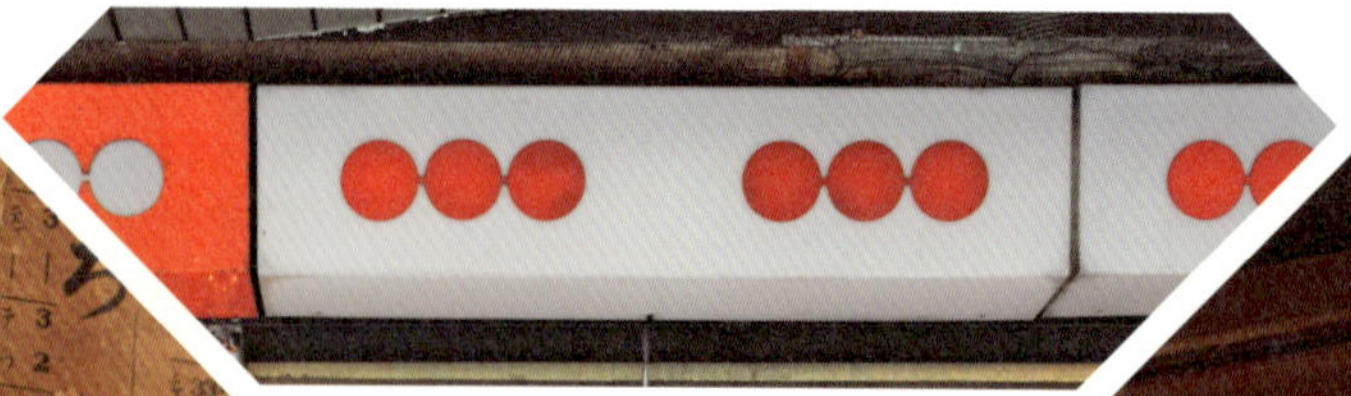

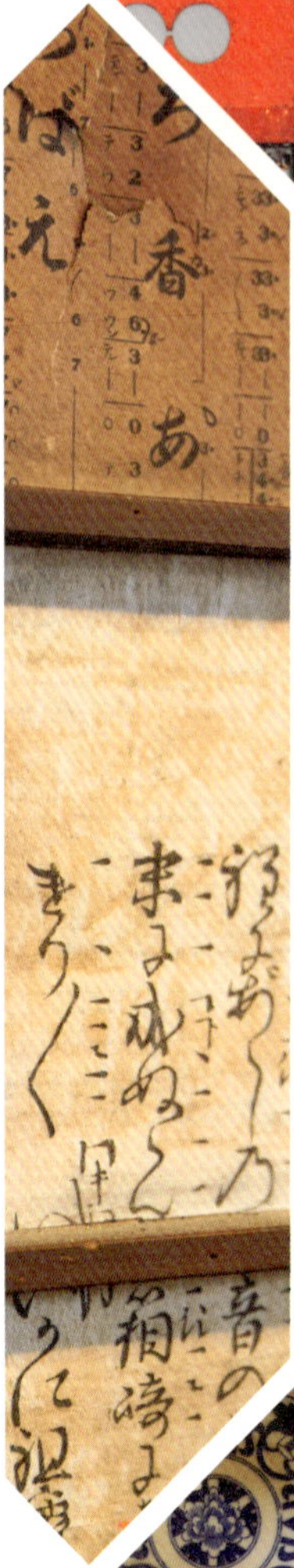

祇園

Gion area

p.48-73

よそゆきの祇園と、ふだんの祇園

石畳の街並みに八坂神社がシンボル。
時折、舞妓さんや人力車ともすれ違う祇園の街は
いつも大勢の観光客でにぎわいます。
いつかの修学旅行で見たような
ベタな土産物店や甘味処が並ぶ一方で、
ほんの少し路地を入れば
大人になったからこそ訪ねたい上質な一軒、
地元の人々の日常の延長線上にある店も。
どちらも、はんなりひそやかな祇園の横顔。
二度目、三度目に訪ねるなら
正面ではない祇園の色気に見とれてみませんか。

菊しんコーヒー

kikushin coffee

No.11　祇園

レモントーストにキュンとして平成元年にワープする

「古い」と「新しい」の境界は、どこにあるのでしょう。今でも昔でもない、絶妙な時代感覚に訪れる人を誘う喫茶店が祇園の路地にあります。

「僕の感覚では、この店の雰囲気は平成元年くらい。子どものころに家や近所の店にあったようなものに囲まれています」

そう語るのは、店主の東翔太さん。古いもののデザインが好きで、ラジカセ、黒電話、三枚羽の扇風機など、どこか昭和の気配を感じるものが集まったといいます。自身は昭和59年生まれ。元号が変わり、レコードはCDに、電話はプッシュ式に、さまざまな製品がスリムにデータ化された時代を生きてきました。

冷蔵庫には瓶ビールとポンジュース®。その日の朝刊や雑誌、マンガなどが置かれた店内

そんな中、この店は昭和と平成の狭間で時が止まったかのようです。

店があるのは、観光客でにぎわう祇園の通りから一歩路地を入った住宅街。雰囲気はがらりと変わり、植木鉢の影で野良猫が伸びをするような日常の風景があります。この建物は以前はうどんの仕出し屋で、30年ほど前に店が移転した後は、倉庫になっていました。その仕出し屋の名前が「菊しん」。建物の大家でもあったご主人に「店名を使わせていただけないか」とお願いしたところ、快くOKしてくださったといいます。

「30年前の菊しんを覚えている地元の人がおったら、この名前を見て懐かしいなと思ってもらえるでしょう」

何百年という歴史ある老舗が軒を連ねる一方で、最新のコンセプトショップや海外ブランドの店が次々とオープンする祇園。古さと新しさが隣り合うこの街で、平成元年という時代感は少々、野暮ったいかもしれません。けれど、平成元年を生きた世代にとっては、百年以上前の伝統よりもリアルに「古さ」を感じ、若い世代にはトレンドのシ

ヨップよりも新鮮に映る――。そんな不思議な時間の魔法がこの喫茶店には待ち受けています。キュンと甘酸っぱいレモントーストをかじりながら一杯のコーヒーをいただく間、戻りそうで戻れない、ほんの少し前のあの時代へと、心を旅立たせてみてください。

5	1	2
	3	4

1.CDプレーヤーの付いていないラジカセは今も現役。2. 以前ここにあった仕出し屋の店名を引き継がせてもらった。3.「レモントースト」(500円)は、キュッと頬の奥に感じるレモンの酸味と皮のわずかなほろ苦さが、センチメンタルな気分にさせる。4.自家焙煎豆をサイフォンでいれるコーヒーは500円。最後の一滴まで抽出するので豆の味がダイレクトに伝わる。5.「学生時代によく通った飲み屋があるんですが、ふらっと行って、特に何を話すでもなく飲んで帰っていました。そういう場所が一つあったらいいでしょう?」と東さん

data
菊しんコーヒー
[きくしんコーヒー]
MAP P217 ④　☎075-525-5322
京都市東山区下弁天町61-11
8:00 ~ 18:00
日曜定休

観山堂

kanzando

No.12　祇園

上／千円台からそろうさまざまなデザインの豆皿。
下／モダンなデザインのコップは、大正〜昭和の品

古いは愛らし 骨董のうつわ、使ってみて

「特別な料理は出てきません。焼いただけ、切っただけ、コンビニのお惣菜の日も(笑)。でも、こうして盛り付けるとごちそうに見えるでしょう?」

そう語るのは、店主の八木美由紀さん。自身のインスタグラムで、さまざまなデザインの古いうつわに、パスタやおばんざいなど日常的な料理をのせて発信しています。

古伊万里や茶道具など目の肥えたお客様の収集癖をくすぐる品をそろえる一方で、気負わず使える価格やモダンなデザインの品を仕入れることが、八木さんの楽しみ。飾ったり、コレクションしたりすることも骨董の醍醐味ですが、「やっぱり使ってみてほしいから」と八木さんは言います。

染付の色、手仕事の味わい、絵柄の意図などが、料理を盛り付けて初めて完成する。その美しさは、使うことでしか気付けないものです。

「毎日目にして、毎日使って、それでも飽きない。日本のうつわの力を、ぜひ試してみてください」

1.八木さんのインスタグラム(@miyuki555yagi)より。ズッキーニをグリルしただけのシンプルな料理を、古伊万里の描線が彩る。2.江戸〜明治期のものを中心に古美術から食器まで豊富に扱う。3.古伊万里の汲み出し。手描きのため一つひとつ表情が異なる

data
観山堂［かんざんどう］
MAP P217 ④　☎075-561-0126
京都市東山区新門前通大和大路東入西之町207
10:30〜18:00　水曜定休

「喜心の朝食」(2,700円)。汁物は3種から選ぶことができ、写真は「京白味噌の豚汁」。ここに向付けが付く

朝食喜心 kyoto

choshoku kishin kyoto

No.13　祇園

白いごはんが一番のごちそう

一飯一汁。土鍋で炊き上げるごはんと具だくさんの汁物を主軸に、朝の空腹にしみじみと沁みる献立が並ぶ、ちょっとぜいたくな朝食専門店がこちら。大火力にも耐えうる滋賀県・一志郎窯の土鍋は、ごはんを最もおいしく炊き上げる鍋を探し求めてたどり着いたもの。目の前で蓋が開けられたら、コース料理のごとく白いごはんを堪能します。炊きたてを蒸らす前の「煮えばな」でみずみずしい粒感とねばりに感動しつつ、2杯目からは一粒一粒がしゃっきりと立ち上がる食感を味わって。大ぶりのお椀にたっぷりと注がれる汁物と一緒にいただけば、おなかも心も満たされます。

「日本食の精神は、お母さんの手料理のように大切な人を思って作られるもの」というのが、喜心のおもてなしのコンセプト。日本人にとって親し

カウンターでは、土鍋の様子や料理人の手さばきを間近で楽しんで

み深いシンプルな献立を提供しながらも、おいしい瞬間をとことん極め、味わってもらおうとする姿勢には家族のような思いやりが宿ります。
いつもは急いで済ませてしまう朝食の時間が、一日をどう過ごそうか思いめぐらせる時間になる。そんな朝の過ごし方は旅先ならでは。最後に土鍋に付いたおこげまで余すことなく味わったら、さあ、出かけましょう。

data
朝食喜心kyoto［ちょうしょくきしん キョウト］
MAP P217 ④　☎075-525-8500
京都市東山区小松町555
7:30 ～ 14:50（13:30 L.O.）※要予約　木曜定休

祇園の路地にたたずむ一軒。向かいの常光院の緑がガラス窓に映る

白

haku

No.14　祇園

祇園

一箱がもたらす百の口福

「白という字は、一を足すと百になります。一日一つ、おいしいものをいただくだけで、九十九の幸せに気づくきっかけになるように。そんな思いを込めて名付けました」

そう語るのは、おもたせの専門店「白」のスタッフ・近藤由紀さん。店頭には、竹皮の箱にぎっしりと詰まった「おはぎ」や、柿の葉で包んだ「へしこ寿司」など、見た目にも味わいにも文化と自然を感じるおもたせが並びます。風雅なパッケージは、日本で昔から使われてきた包みの技法。自然の趣きを添えながらも殺菌作用に優れ、保存性を高めるという古くからの知恵が詰まっています。

「料理の世界では野趣と呼ばれる自然の気配を、おもたせでも感じていただきたくて。それでいて、ここは京都。洗練と現代的な素材使いを意識し、素朴になりすぎないバランスを大切にしています」

贈る側も受け取る側も、自然の趣きと知的なセンスを共有できる上質な一品。贈り贈られつながる幸せは、九十九で数え切れそうにありません。

3 1
4 2

data

白［はく］
MAP P217 ④　☎075-532-0910
京都市東山区祇園町南側570-210
11:00 ～ 18:00
月曜・第2火曜定休(祝日の場合は営業、翌日休)

1. すべて手作りのおもたせが並び、中には30日ほど日持ちするものも。2. レモンをうつわに見立てゼリーを流し込んだ「枸円《くえん》」(3個入り2,700円)。3. 贈りものを包んでいただくのを待つ間、自然茶をふるまいが。4.「おはぎ」(6個入り1,620円)。北海道産の大納言の粒あんで京丹後米の餅を包み、和三盆で甘みを加えた

PONTE

No.15　祇園

すりガラスのシリーズは優しい色合い
としっとりとした手触りが魅力

見つめて涼やかガラスの魅力

蒸し暑い京都の夏を心地よく過ごすため、先人たちが取り入れてきた知恵が「目で涼む」こと。和菓子屋の軒先に透き通る和菓子が並び、石畳に打ち水が打たれ、料理人たちは涼やかなうつわで客人をもてなします。

「PONTE」は、そんな夏のしつらえにぴったりのガラスアイテムのショップ。作家の佐藤聡さんが宙吹きという技法で一つひとつ作るガラスのうつわや花器は、料理人や茶人からも愛用されています。透明なガラスにくるくると螺旋を描いた線が重なり、レースのような透かし模様を描くシリーズがPONTEの代表作。ガラスをあめ細工のように引き伸ばし、ふくらませると、模様に一つひとつ絶妙なゆらぎが生まれます。

その繊細なゆらぎの線は、水や風といった自然を思わせ、光を受けて美しい影を落とします。「西洋のガラスは飾って楽しむことも多いですが、日本では食事や花を引き立てるもの。暮らしになじむガラスを提案できたら」と佐藤さん。みずみずしく有機的なガラスの手仕事は、空間に季節の情景を運んでくれそうです。

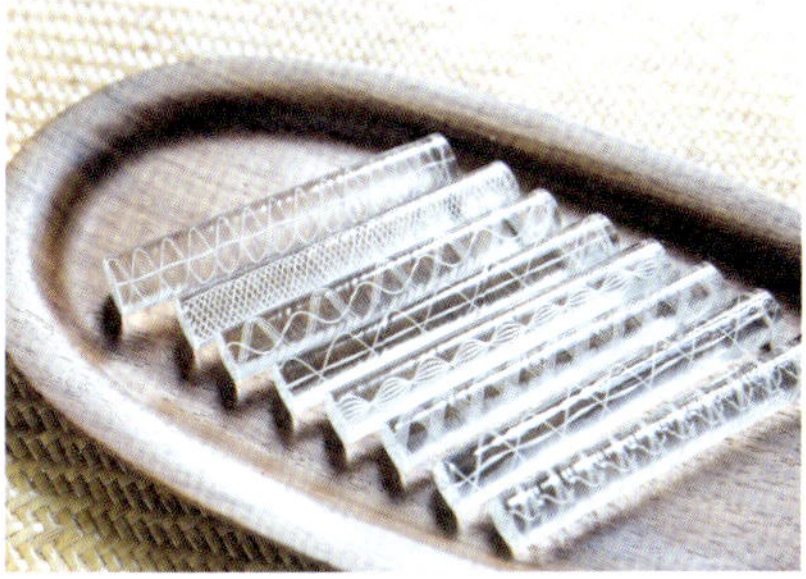

1. ギャラリーのような店内。自宅での飾り方の参考に。2. さまざまな流線のカトラリーレスト(1個2,500円)は、実はレース模様の素材。これらを溶かして吹き上げるとうつわに成形される。3. 雫型やひょうたん型など柔らかなフォルムが魅力(10,000円〜)

data
PONTE［ポンテ］
MAP P217 ④　☎075-746-2125
京都市東山区祇園町南側570-210 ZEN内
11:30〜18:00
月曜・火曜定休

1
2
3

ZEN CAFE

No.16 祇園

和菓子が映す景色に見とれて

「くずきり」で有名な「鍵善良房」が手がける「ZEN CAFE」は、季節の歩みに合わせた和菓子を喫茶感覚で味わえる大人のカフェ。アートや北欧家具が彩る空間で、お茶はもちろんコーヒーや紅茶とも相性の良い和菓子を提案しています。

ある夏の日の「季節の上生菓子」は、桃色の白あんを葛で包んだ葛まんじゅう。「朱夏」と菓名があり、ぬれた笹の葉をそっとほどくという食前の儀式に心がときめきます。葛や寒天といった透明の素材が描く意匠は、冷房のない時代から受け継がれてきた和菓子の〝夏服〟。抽象画のように季節や習わしを表現する京菓子から、その色や造形が意味する景色を探ることは、和菓子ならではの楽しみです。

「喫茶店も京都の一つの文化。お茶席や甘味処だけではなく喫茶店でゆっくり過ごすように、和菓子も楽しんでもらえたら」と、社長の今西善也さん。くつろぎながら甘く小さな一粒を味わえば、もっと和菓子が身近に感じられそうです。

左／「季節の上生菓子」（飲み物とセットで1,200円）。煎茶のほか、コーヒーや紅茶も選べる。右／洋書やアート、ヴィンテージの北欧家具などが彩る空間

data

ZEN CAFE［ゼンカフェ］
MAP P217 ④　☎075-533-8686
京都市東山区祇園町南側570-210
11:00 ～ 18:00（17:30L.O.）
月曜定休（祝日の場合は翌日休）

左／カウンターの奥には庭が見える。花のしつらえも美しい。右／中川ワニ珈琲によるオリジナルブレンドは和菓子にも合うように作られた。豆の販売もあり

「上箱寿司」(持ち帰り1,944円)。えび、小鯛、厚焼き卵などに、
夏場はアナゴ、冬はとり貝、サワラなど旬の魚が加わる

いづ重

izuju

No.17　祇園

data

いづ重［いづじゅう］
MAP P217 ④
☎075-561-0019
京都市東山区祇園石段下
10:30 〜 19:00
水曜定休

市松模様をおあがりやす

ひと箱に、彩り豊かな具材がモザイク画のようにきらめく「上箱寿司」。八坂神社の石段下で京都人に愛され続ける、京寿司の老舗の逸品です。お正月、季節の節句、祇園祭など、お寿司の欠かせない行事とあれば、地元の人々がついのぞくのはいづ重の店先。「まだある？」とのれんをくぐり、包みをさげて帰路につく常連客の姿に、京都の暮らしの風景を垣間見ます。

鮮魚が手に入りにくかった京都では、お寿司といえば保存が利くものが主流でした。いづ重も、鯖寿司の名店「いづう」からのれん分けを許され、1912（明治45）年に店を構えて以来、100年以上京寿司の文化を担ってきた店の一つ。現在のレシピのほとんどは幕末には完成されており、今も作り方を変えることなく守り続けている店は、京都でも数少ないといいます。

「例えば、酢飯のことを私らは『しま』と呼びますが、この呼び方が残っている店ももうほとんどありません。米やお揚げもおくどさんで炊いているし、呼び方や道具まで昔ながらです」

4代目・北村典生さんはそう語ります。立地から、客層は観光客が中心かと思いきや、多くは顔なじみの地元客。古き良き京都の姿を誰よりも知る祇園の人々に「懐かしいお寿司の味がする」と言ってもらえることから、「変えずにこられたんは、ここ（祇園）やったからかもしれませんわ」と笑います。

さてこの上箱寿司、市松模様がどうやって作られるか想像できますか？　さいの目状のお寿司を1マスずつ箱に並べていくのかと思いきや、1枚の押し寿司を切って組み変えるだけ。パズルのようにずらすと見事な市松模様ができあがります。

名物の鯖寿司は、脂ののった長崎県・対馬産の鯖を使用。昆布と竹の皮で包むと2〜3日は日持ちします。「鯖だけでも持たへん、米だけでも持たへん。でもなぜか、これが合わさると日持ちする。昔の人の知恵ですね」と北村さんは話します。

京の食文化と知恵が詰まった、昔懐かしい素朴なお寿司。祇園のなじみ客にならって、ひと折持ち帰ってはいかがでしょう。

1.店に入ってすぐの床几(しょうぎ)には、昔ながらの火鉢が。暖をとりながら持ち帰り用のお寿司を待つことができる。2.カウンターでお寿司を仕上げる北村さん。壁には歴代の主人や従業員らの写真が。3.自慢の鯖寿司(小・2,538円〜、極上6,264円)。手摺り木版の掛け紙も、長年変えずに守り続けているものの一つ。4.今もかまどでごはんとお揚げを炊き上げている。湯気の変化を見極めて火加減を調節するのは熟練の技

1
2 3
4

椀を開けば、一粒の春

つややかな塗りの椀を開けると、現れたのは大粒のイチゴ。円山公園内の小さな茶房「茶菓円山」の早春の名物「苺汁粉」です。温かな湯気とともに立ち昇るイチゴの香りに、冷えた体は自然とゆるみ、甘酸っぱい果実に期待がふくらみます。

「懐石料理の最後に出される甘味のように、果物はみずみずしく、温かいものはできたてをそのまま味わっていただきたい」というのが、作り立てのお菓子でもてなすこの店の信条。季節菓子のレシピの多くは料理から着想されています。イチゴ

茶菓円山

saka maruyama

No.18　祇園

は、わずかに蒸して香りと甘みを引き出したもの。口の中で温かな汁粉と溶け合い、温度、風味、食感が一つになった口福に満たされます。

数寄屋造りの建物は、離れのようでどこか非日常的。床の間や障子窓の景色一つひとつに目が向き、ささやかな季節の気配にハッとします。

椀の中で灯りのように、底冷えの京都に春の便りを届けるイチゴ。温かなひとと椀を心の糧に、冬の祇園歩きを楽しむことにしましょう。

data
茶菓 円山［さか まるやま］
MAP P217 ④　☎075-551-3707
京都市東山区円山町620-1-2（円山公園内）
11:00 ～ 19:00　火曜定休

1.煎茶やほうじ茶は急須を、抹茶は茶碗を選ぶことができる。2.簡素ながらも風情ある元の内装や建具をそのまま生かした空間。3.冬の季節菓子「奉書巻」（1,080円）。祥玉園製茶の茶師・小林裕氏のブレンドによる煎茶は、菓子の味を引き立てるよう、すっきりとした渋みが生きた一服

2 | 1
3 |

上／銅、ステンレス、木製の持ち手などさまざまなデザインの茶こし(6,480円～)。中網が傷んだら張り替えてもらえる。下／一念坂に面した風情あるたたずまい

金網つじ

kanaami tsuji

No.19　祇園

上／工房直営だからこそできる豊富な品ぞろえ。メンテナンスや修理も引き受けている。下／定番の調理道具などのほか、コーヒードリッパーなどモダンな品もそろう

1.体験を行う部屋から眺める、人混みとは無縁のこの景色。秘密にしておきたくなる。2.体験では最もシンプルな亀甲編みで仕立てる。単純作業ながら、均一に編むには絶妙な力加減が必要。3.1時間ほどで完成。通常、編み終わりの処理は工房で行い、完成品は後日郵送。体験料4,320円／1名

1
2 3

京都の手仕事
作る楽しみ、使う喜び

一念坂に店舗を構える「金網つじ」は、手編みの京金網の専門店。茶こしや焼き網といった道具からインテリア小物まで、丈夫で美しい金網工芸がそろいます。

店舗の2階で実施される制作体験で作ることができるのは、湯どうふや鍋物に重宝する「とうふすくい」。2代目当主・辻徹さんをはじめとする現役の職人に教わりながら、自分で手を動かし編んでいきます。

「体験を始めて24年になりますから、京都の〝体験もの〟の中でもかなりの古株。技術的には、小学4年生くらいからできる基本的な手法を用います。手を動かすことで、どんなふうに作られているか知ってもらえたら」

明るく話す辻さんは、京都の伝統工芸に携わる職人によるグループ「GO ON」の一人として国際的に活躍する金網職人。レゲエを愛し、アパレル会社やジャマイカ滞在を経て家業を継いだ、異色の経歴を持つ職人でもあります。

アットホームな雰囲気の体験ですが、編みはじめると自然と集中し、いつしか作業に没頭しています。

「その集中が、僕ら職人が日々体験していること。ものづくりのおもしろさや大変さを味わってもらえると思います。『京都でこういうもんを作ったな』って記憶は、子どもでも忘れませんから」

シンプルな技法を用いながらも、ものづくりに熱中する時間味わえ、京都らしい雅な道具ができあがる。この体験が長く愛されてきたのはそんな理由ゆえ。作り終えて窓から眺める八坂の塔は、参加者だけの特権です。

自分の手で作る楽しさを体験した後は、プロの手仕事の素晴らしさをより実感します。愛着のわく暮らしの道具を、日々の食卓に一つ迎え入れてみてください。

data

金網つじ
［かなあみつじ］
MAP P217 ④　☎075-551-5500
京都市東山区高台寺南門通下河原東入桝屋町362
10:00～18:00（体験は10:00～17:00の間で要予約）
不定休
（夏季6/22～8/31・冬季1/18～2/15は水曜定休）

わたしの手みやげ帖

1

霜月《そうげつ》の「木ノ芽琥珀」

12個入1,050円

ガラス細工のような美しさ。季節に合わせ7種類あり、こちらは2～5月ごろまで。▷☎075-491-5556［MAP P214］京都市北区西賀茂榿ノ木町5　9:00～18:00（1月、祝日は～17:00）　日曜・第1・3月曜定休、不定休あり

中村製餡所の「あんこ屋さんのもなかセット つぶあん」

1,300円

あん専門店の自慢のあんこ500gともなか10組のセット。小豆のほっくり感が最高。アイスをはさんでも美味。▷☎075-461-4481［MAP P219⑦］京都市上京区一条通御前西入大東町88　8：00～17：00　水曜・日曜定休

梅園三条寺町店の「あんの花束」

3個入750円

もっちりとした生地で抹茶、紅茶、カラメルのあんをくるり。ナッツや花のトッピングも素敵。▷☎075-211-1235［MAP P216②］京都市中京区天性寺前町526　10:30～19:30（19:20L.O.）　無休

誰かに贈ってとても喜ばれたり
いただいたおもたせがすごくおいしかったり。
書き留めておいた手土産リストから
おいしくて美しい品々をご紹介します。

坂田焼菓子店の「クッキー」

1個183円～

フレッシュでナチュラルで愛らしい焼菓子。画家の今井麗さんによる包装紙も素敵。▷☎075-461-3997［MAP P219⑦］京都市上京区西上善寺町181-1-1-B　9：00～17：00　火曜・第1月曜定休

はしもと珈琲の「アキオブレンド」

200g 821円～

イノダコーヒ出身のコーヒー職人・猪田彰郎氏が手がけたブレンド。原田治氏によるパッケージのイラストもナイス。▷☎075-494-2560［MAP P219⑥］京都市北区紫野西野町31-1　9:00～18:00　無休

ビゾンフュテの「キャレ・ショコラ」

1個420円

ナッツやクッキーがザクザク！濃厚でうっとりするような口どけ。写真はアーモンドとフランボワーズ。▷☎075-691-9848［MAP P216③］京都市南区東寺東門前町56　12:00～22:00　不定休

ヤオイソの「フルーツサンド」

1人前724円

老舗フルーツパーラーの正統派。クリーム控えめ、フルーツが主役のみずみずしさがうれしい。▷四条大宮店☎075-841-0353［MAP P217②］京都市下京区四条大宮東入ル立中町488　9:00～18:00　無休

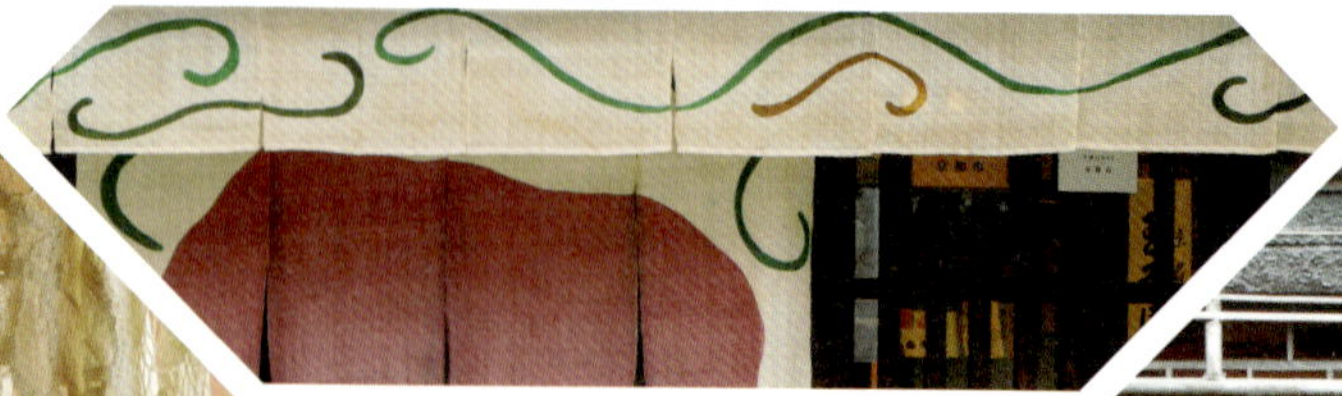

街なか

Downtown

p.78-117

ふるくてあたらし　どちらも京都

ここは、京都の中心。
百貨店やブランドの路面店が立ち並ぶ一方で
春は桜色、秋は錦をまとう木屋町通。
夏には鴨川に納涼床が出て
祇園祭の山鉾がコンチキチンとお囃子を奏でる。
千年の祭のために、信号機さえ折り畳まれるのです。
街がどんなに新しくなっても
京都が京都であるための根っこは変わらない。
古いと新しいを行ったり来たりしながら
京都の「今」を感じてみてください。

大極殿本舗 六角店 栖園

daigokudenhonpo rokkakumise seien

No.20　烏丸御池

扉のように遮断することのないのれんは、店の中からも通りの気配を感じる

1 2
3

1.1885(明治18)年創業。現在も百貨店などへの出店はなく、本店と喫茶を併設したこちらのみ。2.「春庭良(カステイラ)」(ハーフ594円)。京都でいち早くカステラの販売を始めた大極殿の看板商品。3.のれんは他にもお正月や雪の意匠などがあり、季節に合わせて掛け替えられる

月替わりの蜜の「琥珀流し」(660円※2019年6月価格改定予定)。こちらは7月のペパーミント。ふだんは煎茶だが7月だけはサイダーに

data

大極殿本舗 六角店 栖園
［だいごくでんほんぽ ろっかくみせ　せいえん］
MAP P216 ②　☎075-221-3311
京都市中京区六角通高倉東入ル南側
喫茶10:00～17:00／物販9:00～19:00　水曜定休

季節を伝える、菓子屋ののれん

栖園に朝顔ののれんが掛けられると、道行く人は本格的な夏の到来を知ります。季節に応じた意匠で目を楽しませてくれるこののれんは、六角通の名物。朝顔の柄は、祇園祭の時期からお盆の間だけに見られる夏の風物詩です。

「暑いですね」と言葉を交わしながら訪れる、多くの人のお目当ては「琥珀流し」。涼しげな見た目から夏はことさらにおいしく感じられます。

お盆を過ぎるとのれんは定番の「殿」の文字に衣替え。けれど、栖園には「ある時」にしか見られない秘密ののれんがあります。それは、雨が降ってほしい時にだけ登場する「雷のれん」。日照りが続くと女将の芝田泰代さんが掛けます。

「不思議と効くんですよ」

それは、店に訪れる人だけでなく、通り過ぎる人々にも語りかける、ささやかなあいさつ。季節を伝え、暑さをねぎらい、目にも美しい甘味でもてなす。そんな老舗の粋を感じに、のれんをくぐってみてください。

内藤商店

naitoshoten

No.21 三条

左／キセルホウキは高いところの
溝汚れに。右／屋外用の竹ボウキ、
ブラシやマット類なども豊富

朗らかな笑顔がチャーミングな女将の内藤さん。勘定は電卓を使わず筆算で

data
内藤商店
［ないとうしょうてん］
MAP P216 ②
☎075-221-3018
京都市中京区三条大橋西詰
9:30～19:30
不定休

働きものは暮らしのそばに

「文政元年、1818年の創業ですから、2018年でちょうど200年目だったんですよ。そやけど昨年は災害の多い年でしたねぇ。京都があんな台風の被害に見舞われたのは、私の経験では初めて」

優しい笑みを浮かべ、穏やかな口調でそう話すのは、内藤商店の7代目女将・内藤幸子さん。三条大橋のたもとにたたずむ棕櫚のホウキやタワシを扱うこの店で、毎日元気にお客様を迎えています。

周りにコンビニやコーヒーチェーン店などが建つ中、内藤商店の簡素な店構えはそのまま。創業時から看板もありません。「いいものを作っていれば、自然とお客様がやってくる」というのが、代々店主に受け継がれてきた信念。その言葉通り、偶然通りかかった観光客が引き寄せられるように足を止め、美しい道具を手に取ります。

「うちのホウキは、棕櫚や竹など自然のもんを使った職人さんの手作り。だから、見た目にもきれいで実用的です。丈夫で使い込むほど味が出るんですよ」

店のホウキは約7年、自宅用のホウキはなんと50年以上使っているのだとか。使い続けるうちにツヤが出て、いっそう味わい深いたたずまいに変化します。

「電気も使わないし、音もしない。ホコリも立ちにくいです。赤ちゃんがいるおうちや、昼間はお仕事で夜にお掃除しなくちゃならない女性が買ってくれたりするんですよ」

そう話す内藤さんの口調からは、時代の変化を見守りながらも、生活の芯にある「変わらないこと」をとらえるしなやかさが感じられます。暮らしを整えるだけでなく、使う人の心地よさや、家族や隣人への思いやりに寄り添う。働きものの道具たちが教えてくれるのは、暮らしの真ん中にある「人」の存在です。

上／店頭に並ぶ美しい道具が看板代わり。下／両端を切りそろえた「キリワラタワシ」は昔ながらの形

フランソア喫茶室

françois kissashitsu

No.22　河原町

シックな雰囲気の店内に窓から柔らかな光が差す

Salon de thé
FRANÇOIS
TEL(351)4042

クラシカルなムードに酔いしれて

1934(昭和9)年の創業以来、めまぐるしく変わる河原町の風景の中で、時を止めたかのように静かに街を見守ってきた店。しっとりとしたセピア色の空間と、清楚な制服に身を包んだスタッフの「いらっしゃいませ」というあいさつに迎えられます。常連客から観光客まで多くの人でテーブルが埋まりつつも、居合わせた人はどこか申し合わせたかのように、静かで落ち着いた雰囲気を味わっている。そんな居心地の良さを共有しあうのもこの店ならではの時間です。

店名はフランスの画家ミレーの名前から。豪華客船をイメージして造られた内装は、虹色のステンドグラスやドーム状の天井、バロック調の家具や照明に彩られています。進歩的文化人たちの議論の場として設けられた喫茶室は、藤田嗣治氏や桑原武夫氏などに愛され、京都の名喫茶として知られるようになりました。

フレッシュクリーム入りのコーヒーは、創業者である立野正一氏の妻・留志子さんが、ブラックが苦手だった劇団民芸の宇野重吉氏のために考案したもの。レトロなカップ&ソーサーにふんわりとクリームが浮かぶコーヒーは、まろやかな飲み口がたちまち人気を呼び、今ではすっかり店の看板になりました。

元は京町家だった空間に欧風の建築様式を取り入れた建物は、昭和初期におけるモダンな建築物として、喫茶店として初めて国の登録有形文化財に。創業時の姿を今に伝えながらも、すみずみまで美しく保たれています。3年ほど前から全席禁煙に。店内にはクラシック音楽が流れ、飾られた花の香りが柔らかに漂います。

ここは豪華客船の中であり、文化財の中の一室であり、繁華街の中の憩いの場でもある。歴史と文化の薫りが漂う一方で、前衛芸術家も、コーヒーが苦手な人も、買い物帰りの市民も観光客も受け止める懐の深さがあります。絶えず変化する街の片隅で、そのスピードにさらわれることなくゆっくりと時を刻み続けるこの店に、誰もが心惹かれるのは必然なのかもしれません。

1	2
3	4
5	

1.ステンドグラスが壁に色とりどりの光を映す。2.バニラアイスクリーム(750円)と珈琲(600円)。コーヒーはブラックかフレッシュクリーム入りを選べる。4.メニューの絵は創業者の友人である版画家の浅野竹二氏によるもの。5.レースのカーテンや室内窓のディテールに見とれる

data

フランソア喫茶室
［フランソアきっさしつ］
MAP P216 ②　☎075-351-4042
京都市下京区西木屋町通四条下ル船頭町184
10:00～22:30（サンドイッチ・トースト類21:30L.O.／ドリンク・ケーキ22:00L.O.）
無休

京都人好みのお昼ごはん

京都人が愛してやまない「あんかけ」は、名水とだしが自慢の京都らしい食文化です。錦市場の隠れ家和食店「菜食ｈａｌｅ」の名物も、黄金色のあんで湯葉をとじた「湯葉丼」。ベジタリアンはもちろん旅行客や地元の人々にも人気です。

人一人がやっと通れるほどの路地の先にあるのが、ｈａｌｅの隠れ家たるゆえん。土間とひと続きになった昔ながらのおくどさん、階段だんす、坪庭など、町家独特の空間に迎えられます。

店主の近藤千晴さんは、だし昆布屋を営んでいた祖母の家を受け継ぎこの店を開きました。錦の地下水や京都府内の食材を使い、野菜料理を提供して15年になります。

菜食hale

saishoku hale

No.23　錦市場

湯葉丼ランチセット（1,620円〜）。季節によってせいろ蒸し付きのセットがあることも

「かつお節を抜けば、京都って野菜だけでも作れる料理がほんまに多い。季節があって工夫のしがいがある、野菜の料理って楽しいですよ」

鮮魚が手に入りづらく、精進料理が身近にあった京都だからこそ育まれてきた料理の知恵。あんかけも、そうした食材との相性から好まれてきたのでしょう。はふはふと湯気ごとほおばりながら、京都の食文化を味わってみてください。

土間から続く吹き抜けの台所が京町家らしい造り

data

菜食 hale［さいしょくハレ］
MAP P216 ②
☎075-231-2516
京都市中京区錦小路通麩屋町西入ル東魚屋町198-1
11:45～15:00（売り切れ次第終了）
月曜定休、不定休あり

坪庭を眺めながら食事を楽しめる

1階ホール席は、吹き抜けの
空間が心地よい

イノダコーヒ本店

inodacoffee honten

No.24　烏丸御池

街なか

コーヒー1杯分の時間を旅人も京都人もご一緒に

朝7時。「イノダコーヒ本店」のドアが開くと、開店を待っていた人々は次々にお気に入りの席へと急ぎます。「京の朝はイノダから」といわれる名物の朝食を楽しみに訪れた旅行客、新聞を片手に目覚めの一杯を飲むことが日課の男性、おしゃべりに花を咲かせに来た女性客……。店内はたちまち満席になりますが、不思議と騒がしさはありません。話し声や食器の触れる音が心地よく響く中、今日という一日を「イノダで始めよう」と訪れた人々に共通する、どこか清々しい空気が漂います。

看板ブレンド「アラビアの真珠」は、創業時から変わらぬ、酸味とコクのバランスのとれた深煎りのコーヒー。ここに、はじめからフレッシュミルクと砂糖が入っているのがイノダ流です。かつて文化人の社交場として利用されていた喫茶店では、談義に夢中になるうちにコーヒーが冷め、ミルクと砂糖が混ざらなくなってしまうことがしばしば。そこで、あらかじめそれらを混ぜたベストな状態で提供するスタイルが考案されました。

本店ならではの開放的な空間や歴史を感じるコーヒーの味、心満たされる朝食など、イノダコーヒに通う理由はたくさんあります。けれど、この店の一番の魅力は、京都に住む人々と京都を旅する人々が、同じ空間で同じ時を過ごしているという調和にあるのではないでしょうか。

世界随一の観光地もここに暮らす人々にとっては地元であり、地元の人々が見慣れた景色も旅人には新鮮に映る。そんなふうに旅と日常が隣り合い、コーヒー1杯の時間をともに過ごして、それぞれの一日に戻っていく。そんな想像をめぐらせながら、イノダコーヒの朝を過ごしてみてください。ゆっくり思索にふけりすぎてコーヒーが冷めてしまっても、あわてて砂糖とミルクを入れる心配はありませんから。

data

イノダコーヒ本店
［イノダコーヒほんてん］
MAP P216 ②
☎075-221-0507
京都市中京区堺町通三条下ル
道祐町140
7:00～19:00
無休

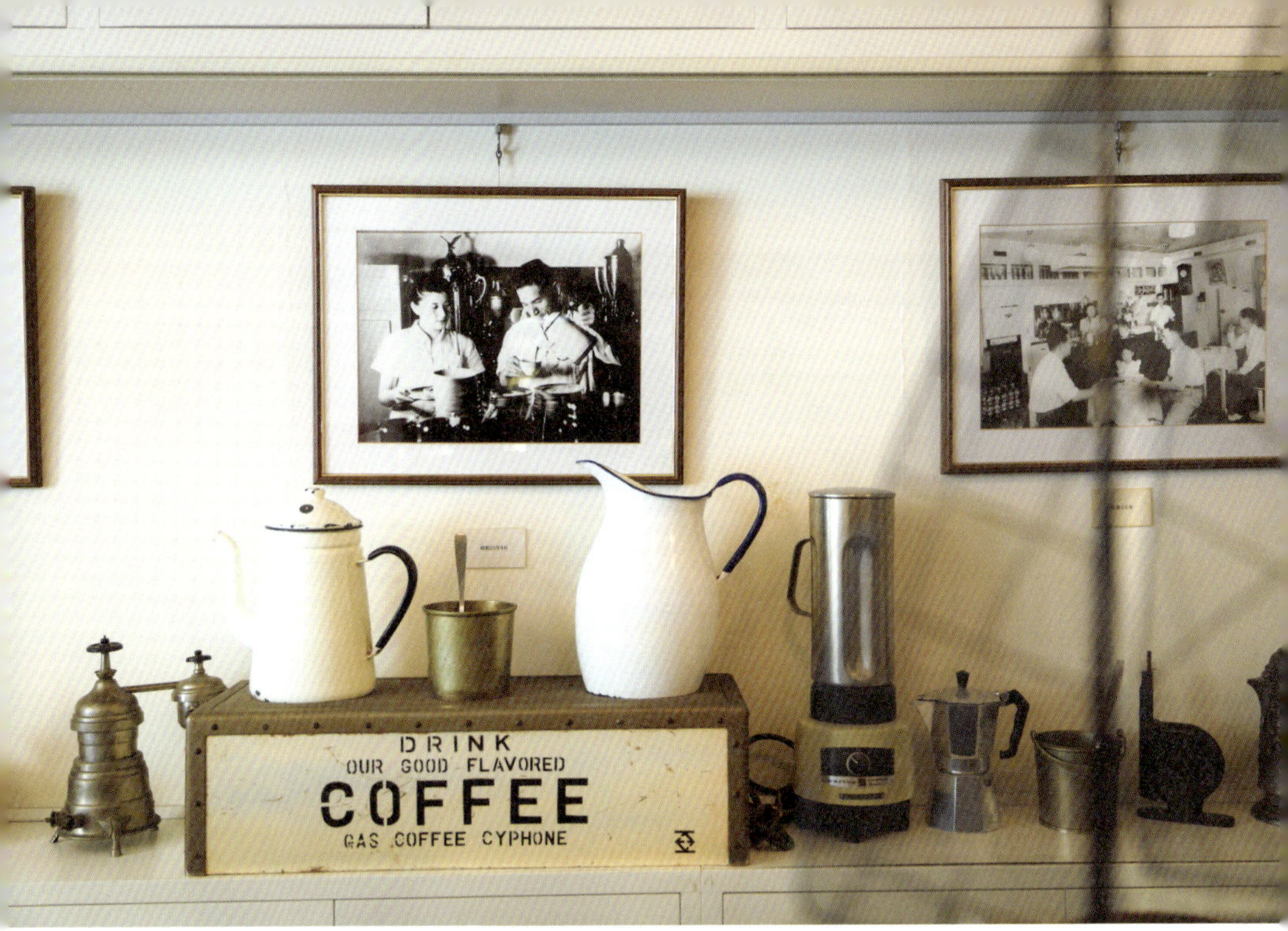

1. メモリアル館には創業者・猪田七郎氏の集めた調度品などが飾られている。2.開業時の店舗を復元した旧館はクラシカルな雰囲気。3.「京の朝食」（1,440円）は午前11時まで。コーヒーはミルク入りかブラックかを選べる。4. 京町家風の本店。左には創業時の姿を復元したメモリアル館がある

木と根

kitone

No.25　四条

1

2

1.角田淳氏のポットに中坊優香氏の輪花皿、中西申幸氏の象嵌の小皿を合わせて。菓子切りは高野竹工に別注したオリジナル。2.色絵の小皿は人気の作家・伊藤聡信氏のもの。個展期間中だけでなく常設も時々チェックすると、うれしい入荷に出合うことも

上／うつわはどれも、店主がその使い心地に納得したもの。下／因幡薬師近くの路地奥。最寄りは四条駅でアクセスも良い

季節の花やつり下げられた道具のたたずまいも美しい

店主にならう、もの選びのものさし

京都で作家のうつわや道具を扱う店として14年。うつわ好きの間で知られる「木と根」は、贈りものを選ぶとき、日々の食卓にちょっと変化が欲しい時、頼りになる存在です。

店主の林七緒美さんが自身の目で選び、「必ず一度は料理を盛ったり、洗ったりしまったりして使ってみるんです」と話すうつわは、見た目の美しさはもちろん実用性も確か。サイズは使いやすいか、欠けやすくないか、注ぐ時に漏れないか、シミになりやすくないか……。手仕事の味わいと

data
木と根［きとね］
MAP P216 ②
☎075-352-2428
京都市下京区燈籠町589-1
12:00～日暮れまで
水曜・木曜定休、臨時休業あり

山ぶどうのかごは和洋の装いに

して許容できる以上に気になる点があれば、作家と一緒になって考え、ものづくりに伴走することで長く店を続けてきました。

「人の手で作られたもののいびつさや温もり、使うほどに変化する風合いや、食卓に置いた時の存在感は、量産品にはけっしてないものです。作家ものを買ったことがない方や若い世代のお客様にもその魅力を伝えられるよう、手に取りやすい価格の作品も提案していけたら」

そう話す林さん自身、初めての作家のうつわは、雑貨店で作家名も知らず購入したもので、それ一つでテーブルの表情が豊かになることを実感したそう。あまり知られていない作家や若手の作品も柔軟に取り入れ、誰かのもの選びが変わるきっかけになればと願っています。

食事やお茶の時間は日々の生活の一部。湯呑み一つ、めし碗一つでいつもの食卓が心うるおう風景に変わったら、暮らし自体が豊かで味わい深くなります。まずは、店主の確かな目で選ばれた手仕事の品々から、自分の手にしっくりなじむ一つを選んでみてはいかがでしょう。

わたしの好きな京都の道具

……… 1

有次の包丁

研いで、直して。道具とつき合う

京都の料理道具といえば、真っ先に名の挙がる「有次」の包丁。私も、京都に住むようになって三徳包丁とペティナイフを購入しました。刃先は研げば切れ味がよみがえる鋼ですが、胴の部分はステンレス製で錆びにくい。定期的に研げば、せん切りもうすーいスライスも気持ち良く切れます。無料で名入れしていただけるのもうれしいポイントです。

母も同じものを愛用していますが、ある時刃が欠けてしまったことが。店頭で相談すると、見事に修理され、ぴかぴかに研ぎ直されて戻ってきました。そんなふうにして、京都の人は道具と長くつき合ってきたのですね。

data

有次［ありつぐ］
MAP P216 ②
☎075-221-1091
京都市中京区錦小路通御幸町西入ル
9:00～17:30
無休

京都で出合った
暮らしや住まいに寄り添う道具。
私のお気に入りを紹介します。

古道具

京都の古道具屋さんは頼りになる

骨董のうつわにレトロな着物、骨董市。古いものが身近にあるこの街では、若い店主の審美眼も自然と磨かれるのでしょうか。窓辺に掛けたポジャギ(韓国のパッチワークの布工芸)は「Kit」、花器として使っているガラスの徳利は「民の物」で求めたもの。どちらも、名もなき民芸品や日用品に光を当て、店主独自のセンスで提案してくれる店です。そこにあるだけで空間に味わいが生まれる、そんなものに出合える、京都の古道具店を訪ねてみてください。

data
Kit［キット］
MAP P215 ①
☎075-744-6936
京都市上京区信富町299
12:00～18:00
火曜定休、臨時休業あり

data
民の物［たみのもの］
MAP P215 ①
京都市上京区出水町253
春日ビル4F
土曜～火曜12:00～19:00
水曜～金曜定休

イカリヤ食堂

ikariya shokudo

No.26　木屋町

上／テラスのような雰囲気でリラックスして床席を楽しめる。
下／大きな柳の木がそよぐ納涼床は、川からの風が心地よい

気取らずゆるーく、納涼床

鴨川沿いの新緑が輝きはじめるころ、御池通から五条通にかけての川辺に「鴨川納涼床」と呼ばれる屋外席が建ちはじめます。京都人にとって「床が建つ」とは、夏の訪れの合図。裕福な商人らの宴席として始まり、江戸時代に約400軒もの茶屋が「河原の涼み」として浅瀬や川べりに客席を設けたことから発展してきた、京都の夏の風物詩です。

こちらは、気軽に納涼床を楽しみたい人にぴったりのビストロ。細い路地を抜けると、およそ築100年の京町家をリノベーションした空間と、ウッドデッキの床席に迎えられます。メニューには、フレンチとイタリアンで修業を積んだシェフらが腕をふるう、ワインと相性抜群の料理がずらり。本格的なビストロの味ながら、リーズナブルでアラカルトも多彩なので、納涼床が初めてという人にもおすすめです。

鴨川の美しい景色にずらりと並ぶ、納涼床。それは、何百年も前から京都の夏の風景をつくってきた、人々の営みの象徴です。おいしいお酒と料理に舌鼓を打ちながら、その風景の一部になれる時間を過ごすとしましょう。

data

イカリヤ食堂
［イカリヤしょくどう］
MAP P216 ② ☎075-276-2067
京都市下京区木屋町団栗橋下ル斎藤町138-2
11:30～14:00L.O.（納涼床ランチは13:30L.O.）／17:00～22:00L.O.
※5・9月は平日もランチ営業。通常ランチは土・日・祝日のみ
月曜定休（祝日の場合は翌日休）、月1回火曜休あり

「丸鶏のコンフィ（フル1,580円）」は約4人分。ハーフサイズもあり

姉小路通は京都の美しい街づくりの活動がさかんな地域。街の息づかいも感じたい

MALDA

No.27　烏丸御池

旅を豊かに、日常にヒントを

朝、窓いっぱいの太陽の光で目覚める。顔をうずめるだけで幸福が満ちるタオルで支度を整え、自然の恵みを摘みとってきたかのような朝食をいただく——。自室のようにくつろぎながら、上質なものと空間に囲まれた時間を過ごすことができる宿。それが「ＭＡＬＤＡ」です。

ホテルの存在は、同じ建物の1階のカフェ・マルダを訪れるうちに知りました。姉小路通に面した窓から光が降り注ぎ、モダンな空間ながら自然の気配が漂うインテリアやテーブルウェアの心地よいこと。ホテルなら、それを自分の部屋のように楽しむことができるのです。

ホテルの部屋はそれぞれ、赤・青・墨のテーマカラーで彩られています。白や木調といった無難な色にしなかったのは「自然の色彩にハッとする

海のような瑠璃色の「青(AO)」の部屋。窓は薄いカーテンのみがかかり、光が降り注ぐ

ような瞬間を感じていただきたくて」。そう話すのは設計・運営を手がける藤本信行さん。

「こうした色の壁も、素足で気持ちいい床も、遮光カーテンやテレビのない空間も、自宅では採り入れにくい要素です。旅の非日常感、特別感を味わっていただきながら、旅から帰るとその方の暮らしがほんの少し変わる、そんなきっかけになればうれしいです」

その世界観は、アパレルブランド「ヨーガンレール」と美しい手仕事の日用品ブランド「ババグーリ」を設立したデザイナー、ヨーガン・レール氏の美学へのリスペクトから生まれたものです。アメニティーやテーブルウェア、美しいベッドリネンや家具はどれも、自然の造形と手から生まれる仕事を愛した氏の生活哲学に通じるプロダクト。シンプルで現代的な一室で、有機的な食とものに囲まれて過ごす時間には、ふだんの暮らしを豊かにするためのヒントがたくさんあります。旅から持ち帰ったささやかな変化が日常に根付き、小さな花を咲かせる時、自分の暮らしが以前よりもっと好きになるかもしれません。

1
2
3

1.カフェでいただける砂糖・卵・乳製品を使わず作るマフィン(350円〜)と二茶(600円)。2.心地よいタオルや自然素材由来のアメニティーにも「ババグーリ」の精神が宿る。3.部屋着も「ババグーリ」のもの。美しいデザインを身につけてくつろげる

data

MALDA［マルダ］
MAP P216 ②　☎カフェ075-606-5385／
☎ホテル080-1456-5967(9:00〜18:00)
京都市中京区堺町通御池下ル丸木材木町684
カフェ10:00〜19:00／ホテル15:00〜19:00(チェックイン)、11:00(チェックアウト)　無休

上／1階のカフェでは「ババグーリ」のお茶や焼菓子、ランチタイムにはカレーが楽しめる。下／季節の料理を木箱に詰めた朝食。主食は玄米ごはん、玄米粥、パンから選べる（Photo：Yuki Kageyama）

懐石未満、居酒屋以上の和食の夕げ

旅の夕食に頭を悩ませる旅行者は多いはず。京料理を楽しみたいけれど、料亭や割烹は気後れする。定食屋やカフェでは特別感がない。「御食事処乃 福松」は、そんな旅人のわがままに応えてくれる気取らない雰囲気と上質な料理を兼ね備えた和食店です。

人気の秘密は、「一汁三菜」をベースに、自分でコースを組み立てていくというスタイル。懐石料理さながらの八寸と汁物が最初に供され、あとはアラカルトで焼き物、揚げ物……と追加しても良し、ごはんものとデザートで定食のようにそろえても良し、という自由さが魅力です。

「コース料理しかない店だと、特別な日にしか来られません。その日の気分で献立を組み立てられ

料理人として20年経験を積んだ大将の近松さん。話上手で、カウンター越しの会話を楽しみに来る客も多い

御食事処乃 福松

oshokujidokorono fukumatsu

No.28　烏丸御池

たら『また行こか』と思ってもらえる。おかげさまで、観光の人も地元の人も通ってくれはります」と大将の近松真樹さんは話します。

旅の食事に必要な、その土地ならではの味や特別感。京都でそんな望みをかなえるなら、おまかせの一汁三菜に好みのひと皿を加えて、とっておきのコースをあつらえてはいかがでしょう。

data

御食事処乃 福松
［おしょくじどころの ふくまつ］
MAP P216 ② ☎075-741-7138
京都市中京区衣棚通六角上ル了頓図子町475-6
17:00〜22:00 L.O.
不定休（月ごとの休業日はtwitterを確認）

1.海から遠い京都の知恵が育んだ料理「しめ鯖」（1,058円）。余韻の残るうまみにうなる。2.最初に出されるのは「一汁三菜」（1,620円）。この日の八寸は、ホタルイカや桜鯛など旬を取り入れた7品。3. 奥には小さな坪庭と縁側があり、秋には紅葉も楽しめる

maker.
closed
Mon & Tue
Maker
Open

Maker

No.29 西院

元質屋だった空間を3年かけて
リノベーションした

豊富な自然派ワインに合うメインから、「京赤鶏の薫製」(2,700円)

物語を奏でる料理店

訪れた人はまず、天井から足元までぐるりと空間を見渡さずにはいられないでしょう。コンクリートの構造があらわになった天井に、張りめぐらされた赤い照明のコード。大きなテーブルの向こうには真鍮製のキッチンが味わい深い光を放ちます。視線を遮るものは何もないオープンな厨房で、鮮やかに料理を仕上げていくのは店主の吉岡慶さん。この空間のデザインも施工も、そして独学で身につけた料理も、すべて吉岡さんが思い描く世界をかたちにしたものです。

「明確な世界観があったというより、自分が好きな食事の風景や空間を一つひとつ積み重ねていった先に、この店ができあがりました」

そう話す吉岡さんの隣で「でも、構想に数年、施工を始めてからオープンまで3年もかかったんですよ」と笑うのは、一緒に店を営む妻の麻美さん。人一倍凝り性で妥協できない夫を見守りながら完成した、この店をいとおしそうに眺めます。

「見たことのない食材ほどワクワクするんです」

1 2
3

1.武骨な構造を生かしつつアンティークで彩られた空間は、店主の吉岡さんのコツコツと作った「作品」のようなもの。2.オープンな厨房で臨場感たっぷりに料理が作られる。3.「焼きなすとぶどうのバルサミコマリネ」(1,404円)。鼻に抜けるエキゾチックなアニスの香りが印象的な一皿

data
Maker［メーカー］
MAP P217 ②　☎075-950-0081
京都市右京区西院三蔵町49
11:30～16:00（ランチは土曜のみ）／
18:00～24:00　月曜・火曜定休

と言う吉岡さんの料理は、素材を生かすことから発想し、五感に響く要素を組み立てて作られます。厨房から漂うのは、肉の焼ける音やスパイスの香り。やがて運ばれてくる一皿は、調和とサプライズが巧みに合わさり、ソースの一雫まで味わいたくなるエネルギーに満ちています。

「食べ終わった後のお皿の風景が好きなんです。一人ひとり違って、空になったお皿に満たされた空気が漂っていて……。そんな物語が感じられつつも、気軽に寄れる家族の食堂のような店になれたらと願っています」と麻美さんは話します。

夢見心地でごちそうを食べ終えたその後にも、じんわりと余韻を残す味わい、にぎやかな時間の記憶が反芻され、きっとまたすぐにこの店を訪れたくなるでしょう。足を運ぶたびに、Makerで過ごす時間が家族の食事の風景の一つになる。物語への扉は、すぐそばに開かれています。

碓屋

usuya

No.30　二条

商店街の、ひみつのうなぎ屋

大阪のうなぎ割烹で15年修業した碓井大聖さんと、妻のちづるさんが切り盛りする「碓屋」。二段重ねのお重に、うなぎの混ぜごはんとお煮しめ、揚げ物、だし巻きや酢の物などの季節のおかずが詰められた、20食限定のランチ「う飯重」が名物です。ふたを開けた瞬間、上段に並ぶのは料亭のお弁当のような彩り豊かな献立。さらにう飯の山椒が香りたち、食欲をそそられます。

三河一色産のうなぎは、継ぎ足しでうまみを増していく自慢のタレをかけながらじっくりと炭火で焼き上げます。蒸し焼きにして皮まで柔らかく仕上げる関東風と異なり、最後まで直火で皮はカリッと、身はふっくらと焼き上げるのが関西風。こまめに返すことで水分を逃さず、ふんわりとした食感に仕上がります。

碓屋のある三条商店街は、古くから地元人に親しまれる商店街。昔ながらの店と新しい店が混在し、次々寄り道したくなります。気軽で手頃なうなぎ目当てに、商店街散歩を楽しんでみてください。

上／本棚には新聞から文庫本、絵本まで。商店街という場所柄、お年寄りや子ども連れも多い。下／三条商店街の一角にたたずむ。手染めのグリーンののれんが目印

data

碓屋［うすや］
MAP P217 ②　☎075-823-0033
京都市中京区三条通大宮西入ル上瓦町58
11:30～15:00 (14:00L.O.)／18:00～22:00 (21:00L.O.)
水曜定休、木曜は夜のみ営業

上／「う飯重」(1,500円～)。写真は上う飯重2,200円、特上3,000円もある。下／さばきたてのうなぎを炭火で丁寧に焼き上げる。皮はパリッと仕上げるのが関西風

KAMOGAWA NOURYOUYUKA

鴨川納涼床

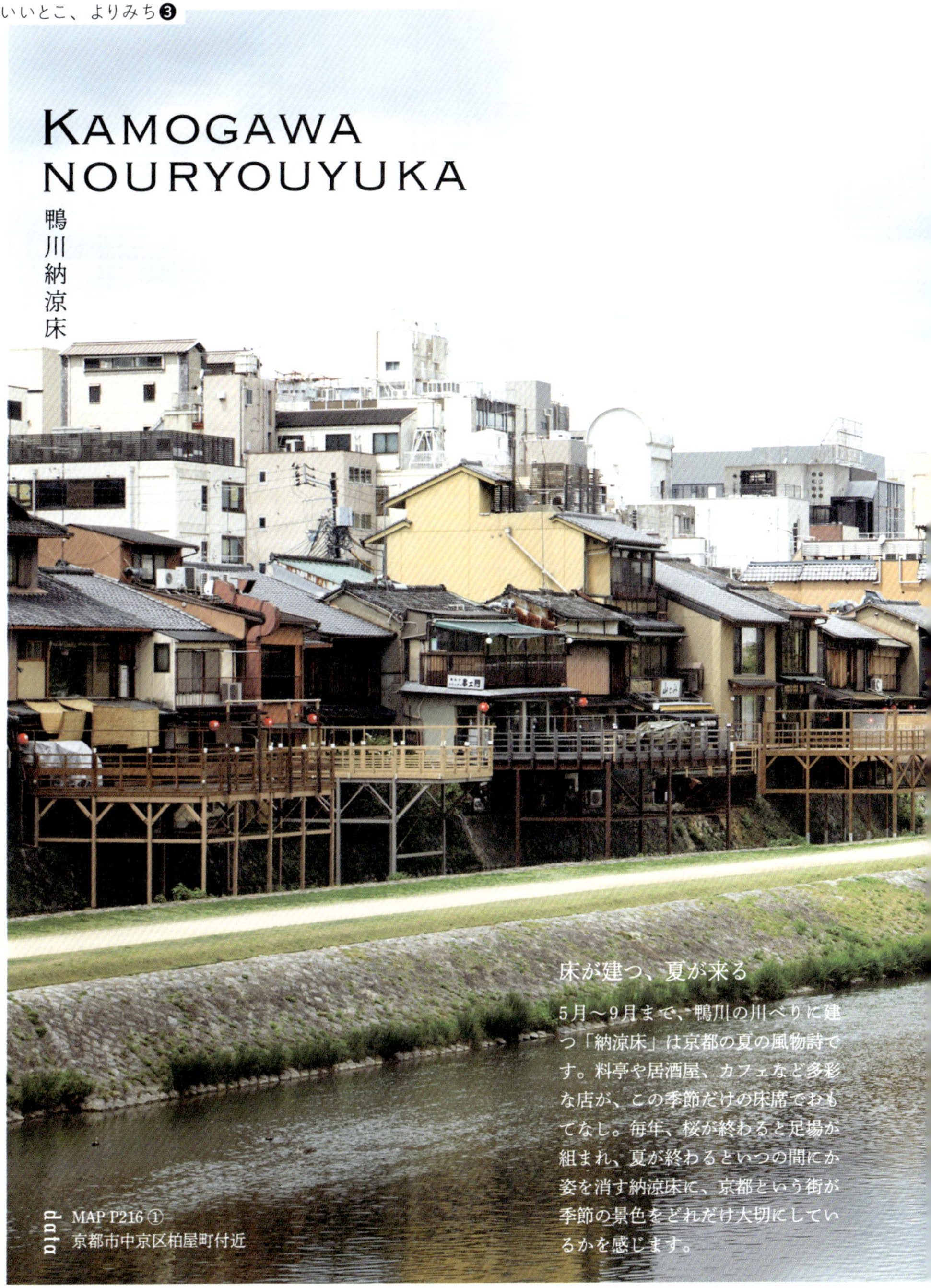

床が建つ、夏が来る

5月～9月まで、鴨川の川べりに建つ「納涼床」は京都の夏の風物詩です。料亭や居酒屋、カフェなど多彩な店が、この季節だけの床席でおもてなし。毎年、桜が終わると足場が組まれ、夏が終わるといつの間にか姿を消す納涼床に、京都という街が季節の景色をどれだけ大切にしているかを感じます。

data
MAP P216 ①
京都市中京区柏屋町付近

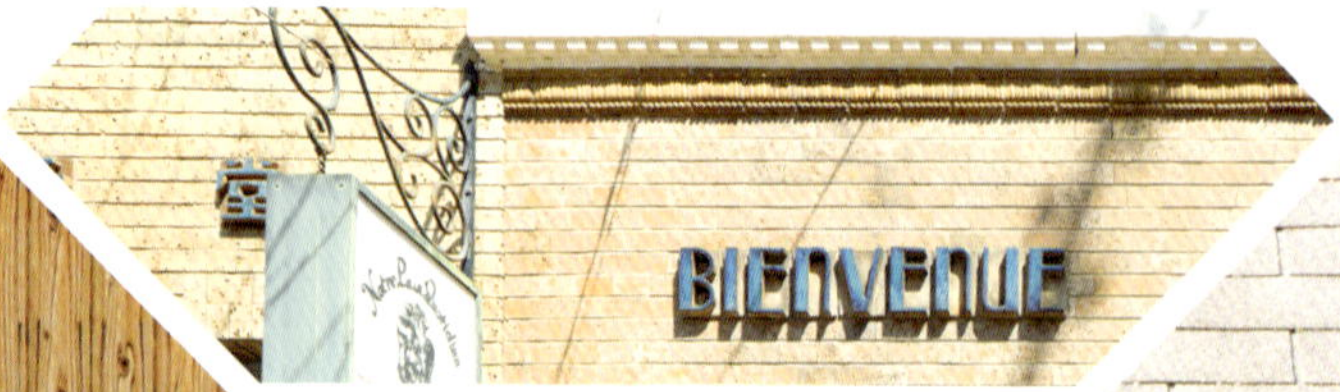

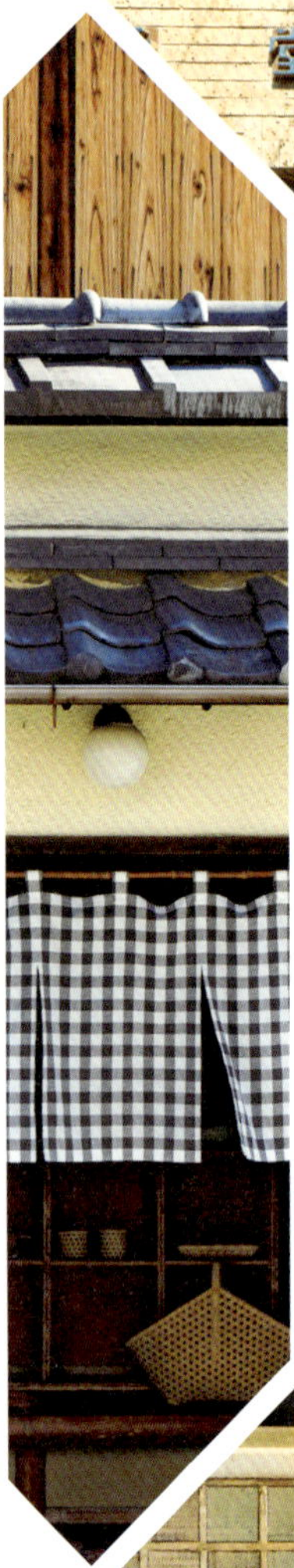

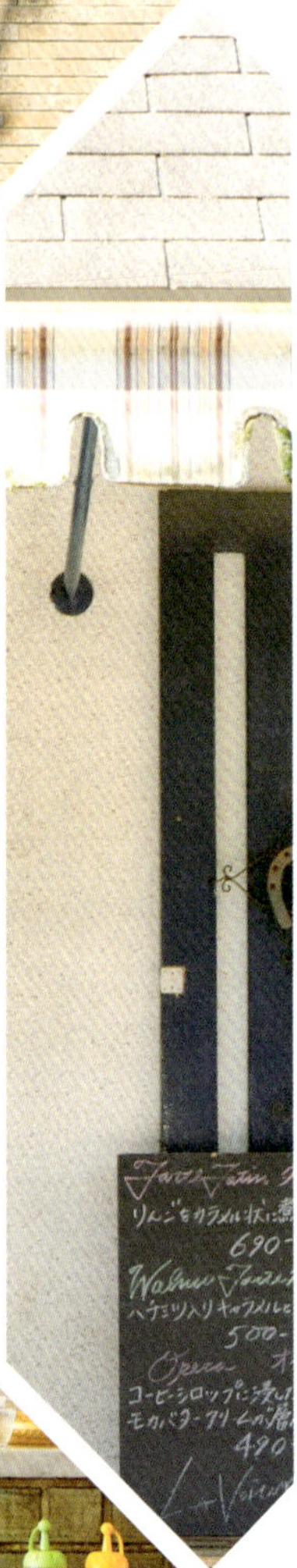

岡崎・左京区

Okazaki, Sakyo-ku

p.120-143

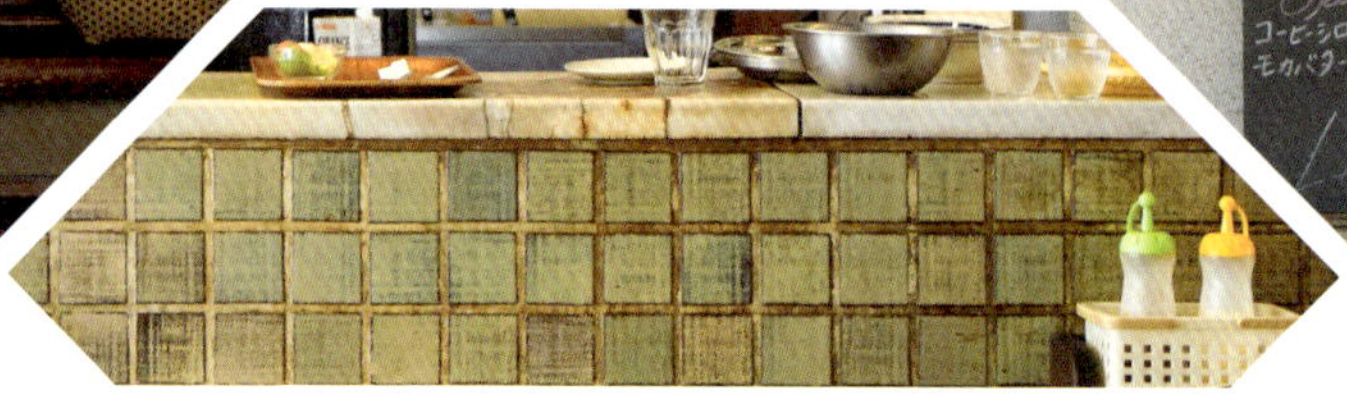

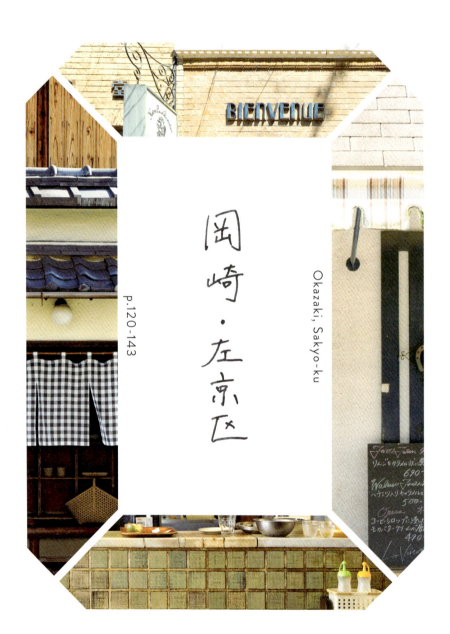

心くすぐる、アート・カルチャー・クラフト

平安神宮を中心に
観光地や美術館が集中する岡崎エリア。
出町柳を起点に、叡電沿線や京大方面に足をのばせば、
学生やものづくりに携わる人々の居場所となる
自由でユニークな店が点在しています。
このエリアを歩いていると、
「学生気分で」とはいかないまでも、
夢中になれるものを探して
さまざまな文化や表現にふれていたあのころの気分を
思い出せるからいいものです。

ラ・ヴァチュール

La Voiture

No.31 岡崎

岡崎・左京区

ブルーのドアや窓枠がレトロモダンな外
観。疎水沿いの散歩がてら立ち寄りたい

祖母から孫娘へ
受け継がれるタルトタタンの物語

バトンを渡すように、世代を超えて受け継がれていく京都の名店の味。「ラ・ヴァチュール」もそんな物語を紡ぐ店の一つです。

この店の名物は、フランスの伝統菓子・タルトタタン。1ホールに20個以上ものりんごを使い、バターと砂糖だけを加えて作るレシピは、先代の店主・松永ユリさんがパリで出合った味に忠実に、独学で築き上げたものでした。

現在、その味を守るのは、ユリさんの孫娘である若林麻耶さん。14年前、高齢のユリさんの体を気遣い、ちょうど大学を卒業するタイミングも重なって、店を継ぐことを決意しました。

「小さいころからりんごをむくのを手伝ったりして、この店と一緒に大きくなってきましたから。それが自然な流れだったので、迷いや気負いはほとんどなかったです」

レシピは〝習った〟というより自然に覚えていったそう。祖母の味を守る一方で、新しいケーキをラインナップに加えたり、内装やメニューのデザインを手がけたりと、自分なりの店作りにも力を注いできました。

２０１４年、96歳でユリさんが他界した後も、店の片隅にはユリさんの指定席があります。若林さんが店を継いでからも、ユリさんはこの椅子に座ってお客様の様子を眺めていたそう。「『かわいらしいおばあちゃんですね』なんていわれるけど、当時の女性にしてはとても主張の強い人だったと思います。反対に、祖父は穏やかな性格で、祖母のチャレンジを見守ってきたような人。お互いが補いあって、店を営んできたんでしょうね」と若林さんは笑います。

フランスから京都へ、祖母から孫娘へとつながれたタルトタタン。今日も厨房では、たくさんのりんごが鍋の中でコトコトと煮詰められています。ユリさんが伝えた味を守りながらも、店のあちこちにちりばめられた若林さんらしい感性は、この店の物語が現在進行形で続いている証し。受け継がれてきたその味と綴られてきた物語を、ゆっくりと味わってみてください。

1 2 3 4

1. タルトタタン（コーヒーとセットで1,371円）。別添えのヨーグルトをかけるとまろやかな味わいに。2. 若林さんはデザイナーとしても活動。りんごの生産者を訪ねて青森と京都を往復することも。3. 店内に飾られた、ユリさんの写真と指定席。混んでいてもこの席は空けたままにしてある。4. 床のタイルや格子窓がシックな雰囲気

data
ラ・ヴァチュール
MAP P218 ⑤
☎075-751-0591
京都市左京区聖護院円頓美町47-5
11:00～18:00
月曜定休

花六ツ目模様が美しい「盛りかご」（小8,100円）

京都三条 竹松

kyotosanjo takematsu

No.32　東山

しなやか、うるわし。京竹細工

茶道具をはじめ、料理、庭園、建築など、さまざまな分野で竹工芸を活用してきた京都には、職人による美しい竹製品を扱う店が数多くあります。三条通に店を構える「京都三条 竹松」もその一つ。1943（昭和18）年に創業し、料亭で使ううつわや庭の竹垣などを手がけながら、徐々に家庭向けの竹製品も扱うようになりました。

茶の湯の文化とともに発展してきた京都の竹工芸は、節や木肌、繊維など竹本来の持ち味を生かした、繊細で雅なたたずまいが特徴。竹松の職人が仕立てる竹製品も、そんな京竹細工のしなやかな美しさを備えたものばかりです。さらに、地方や海外の竹工芸との違いも楽しめるよう買い付けの品々も並びます。

プラスチックや金属などさまざまな素材の日用品が普及する中、目を楽しませ、使うほどに味わいの増す京竹細工には、暮らしを楽しくする力があります。まずは一つ、お弁当箱や収納かごから、竹の工芸を取り入れてみてください。

data

京都三条 竹松
［きょうとさんじょう たけまつ］
MAP P218 ⑤　☎075-751-2444
京都市東山区三条通大橋東入3-39
10:00～19:00　不定休

上／初夏のもてなしにぴったりな「花六ツ目コースター」（各4,320円）。下／店先には自社の職人による品のほか、日本各地、海外からの工芸品も

好奇心の扉をノックするのは誰だ？

左京区カルチャーを牽引してきた存在ともいえる「恵文社一乗寺店」は、世界中から本好きが集まる場所。一般的な書店と違うのは、作家やジャンル別に本を分類するのではなく、カテゴリーを超えて〝編集する〟ように書棚を作っていること。膨大な本の中からスタッフがそれぞれにテーマや相関性を見出し、本を探す人が予期せぬ一冊に出合う仕掛けです。

個人で自費出版されたリトルプレス、部数限定の特装本や、海外の著者による京都ガイドなど、手に入りにくい本が多いのも本好きの心をつかむ理由。本を通じて小さな好奇心や偏愛に共感できるのも、この書店ならではの感覚です。

クリック一つで目的の本が配達される時代に、書店をぐるぐると回って本を探すなんて遠回りかもしれません。けれど、目当ての本を探すうちに想定外の好奇心の扉を次々ノックされる感覚は、やみつきになるはず。「書店で迷子になる」魅惑の時間を心ゆくまでお過ごしください。

恵文社 一乗寺店

Keibunsha ichijojiten

No.33　左京区

2010年、ガーディアン紙が選ぶ「世界で一番美しい本屋10」に日本で唯一ランクイン

1
2
3

1. イラストレーターひろせべにさんの看板が目印のリトルプレスコーナー。2.示唆に富みつつ、本棚に置いても絵になる3冊。左から、『手絵京都日和』(Fanyu)、『うしろめたさの人類学』(松村圭一郎／ミシマ社＝刊)、『PERSPECTIVE from an oblique』(合同会社カワタ社＝刊)。3. 書店のほか、雑貨を扱う「生活館」、紙ものや文具を中心にそろえ、ギャラリーを併設する「アンフェール」、イベントスペース「コテージ」が。写真はアンフェールのある日の棚

data

恵文社 一乗寺店
［けいぶんしゃ いちじょうじてん］
MAP P218 ⑤　☎075-711-5919
京都市左京区一乗寺払殿町10
10:00～21:00
無休

クラシカルな雰囲気の書棚やテーブルに、スタッフの感性で選ばれた本が並ぶ。「書店全体のコンセプトを定めず、初期の恵文社のようにスタッフごとの性格が色濃く出た書棚が、今の恵文社のおもしろさ」とスタッフの一人・涌上昌輝さん

わたしの好きな京都の道具

…………　2

竹のお箸

食事をおいしくする魔法

小さな豆も、くずれそうな絹豆腐もキチッとつまめ、口に入れた瞬間スッと味の余韻を残しつつ、箸を逃す。この「キチッ・スッ」の気持ち良さ、なんだか食事の所作まで美しくなったような感覚は、一度体験するとやみつきになります。

竹のお箸は京都の竹工芸店や箸専門店でよく見かけますが、この細い細い先端がやはり京都！　繊細に見えて意外と丈夫。何より「キチッ・スッ」の使い心地にはこの細さが重要です。写真の「公長斎小菅」のお箸は、竹の節を残したデザインが美しい品。軽くてかさばらないので、自宅用はもちろんお土産にもおすすめです。

data
公長斎小菅
［こうちょうさいこすが］
MAP P216 ②
☎075-221-8687
京都市中京区中島町74ザ ロイヤルパークホテル京都三条1F
10:00～20:00　無休

パンにもごはんにも。
なんてことのない日々の食事も、
心強い道具がちょっと素敵にしてくれます。

辻和金網の焼き網

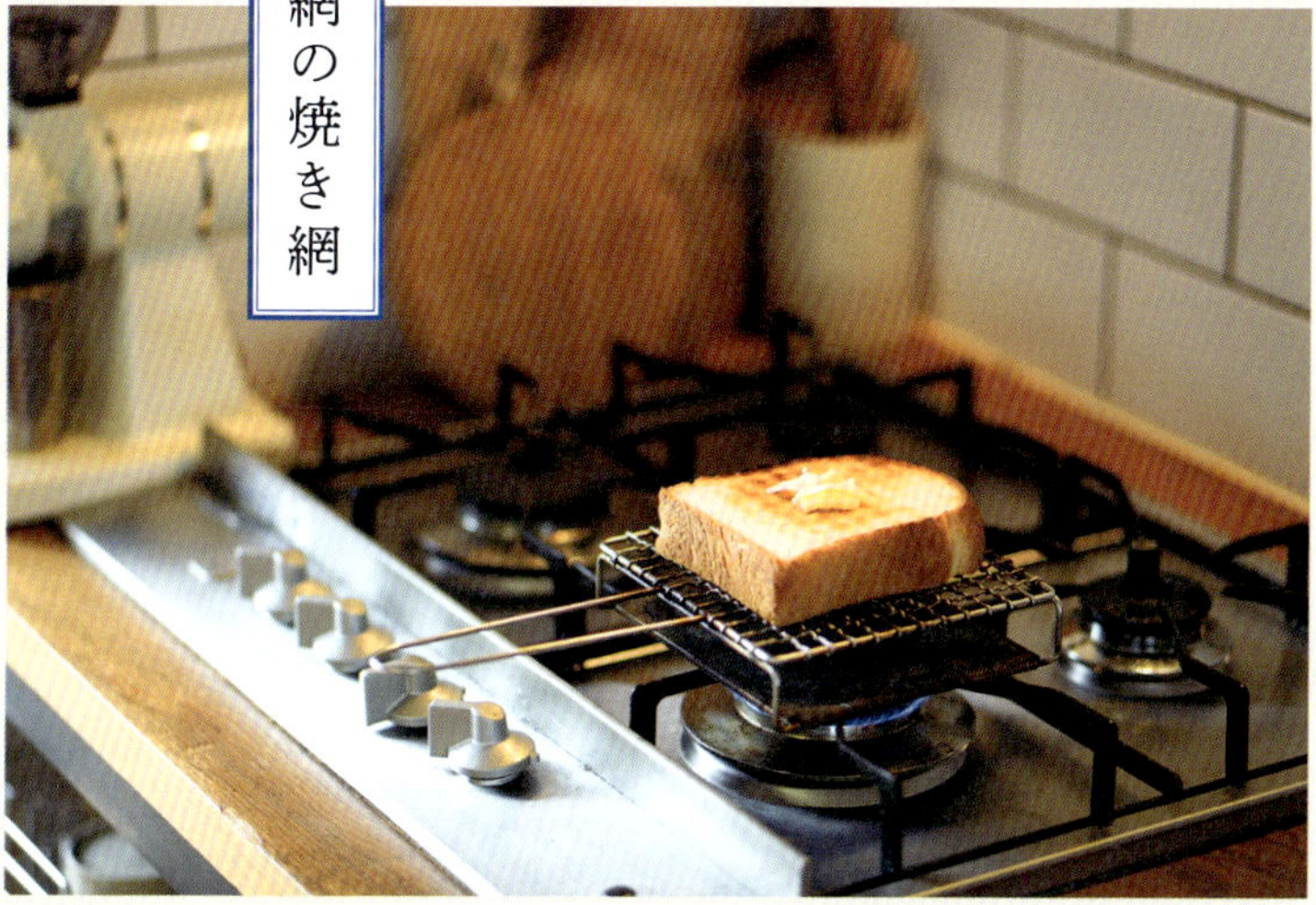

網目はごちそう

朝食はいつもパンのわが家にとって、トーストがおいしく焼けるかどうかは、一日をご機嫌にスタートするための重要な要素です。トースターも使うのですが、3人家族ゆえ全員分を一度に焼きたい(誰だって焼きたてを食べたいですものね)時は、焼き網の出番。霧吹きで少しパンを湿らせて焼き網でパリッと焼けば、高級トースターにも負けない食感に焼き上がります。片面が焼けたら、反対側を焼いている間にバターをオン。

トーストにじゅわりと溶けていくバターのおいしそうなこと。きつね色の網目模様を眺めると、なんとも幸せな気分になるのです。

data
辻和金網［つじわかなあみ］
MAP P215 ①
☎075-231-7368
京都市中京区堺町通夷川下ル
亀屋町175
9:00〜18:00　日曜・祝日定休

京都おうち

kyoto ouchi

No.34 岡崎

上／主婦業のかたわら、著書やブログ・SNSで暮らしのアイデアを発信する田中さん。手にしているのは阿部春弥さんのうつわ。下／茶こしと湯飲みをざるにセットするなど、田中さんが実践する工夫があちこちに

3 | 1 / 2

1. レジ横が愛犬・心ちゃんの定位置。平日はお店に連れてくることが多いそう。2.『忙しくても家事を楽しむ小さな工夫』(KADOKAWA＝刊)はじめ、田中さんの著書が並ぶ。3. 岡崎通沿いの一軒家。「おじゃまします」感が楽しい

data

京都 おうち
［きょうと おうち］
MAP P218 ⑤　☎075-751-7550
京都市左京区岡崎北御所町50-1
火・水・土・日曜10:30～16:00
月・木・金曜定休
※営業日・時間ともに変更あり。詳細はインスタグラム(@ouchi_kyoto)を確認

暮らしの工夫が見つかる家

靴を脱いで暮らしの気配を感じる空間に迎えられる。まさに友人の「おうち」を訪れるようなアットホームな雑貨店を営むのは、主婦ブロガーの田中千恵さん。育児と介護で忙しい日々を送りながらも、お気に入りの道具で家事を楽しむ様子をブログにアップするうちに人気を呼び、4冊の著書を発表するまでになりました。

現在は発信の場をインスタグラムに移し、夢だったという雑貨店をオープン。自身が使い心地やたたずまいの良さを実感したものを中心に、作家のうつわや京都の台所道具が並びます。

「手仕事の品は、お手入れに少し手間がかかりますが、その時間も楽しみの一つ。手をかけることで、いっそう愛着がわくんです」

田中さんの言葉には、「家事＝面倒」ととらえず、道具に愛情を持つことで楽しみへと変えてきた説得力があります。ブログやSNSから伝わる丁寧な暮らしの風景に、小さなおうちの玄関をくぐって会いにきてください。

上／カフェカウンターの後ろの書棚にずらりと本が並ぶ。下／しば漬け、ピクルス、生のきゅうりをサンドした「3種のきゅうりサンド」(600円)

出町座

demachiza

No.35 出町柳

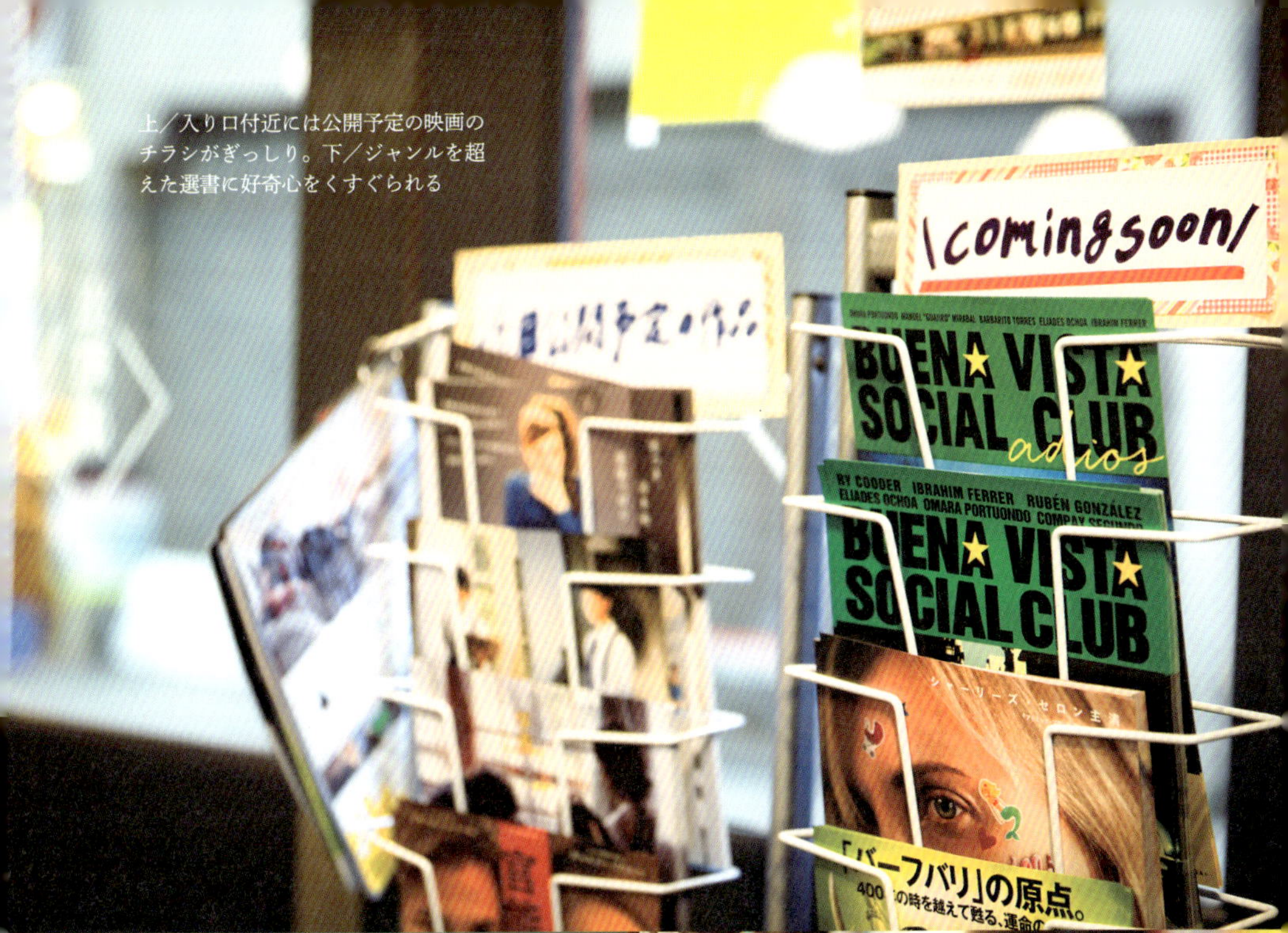

上／入り口付近には公開予定の映画のチラシがぎっしり。下／ジャンルを超えた選書に好奇心をくすぐられる

1.小劇場のような名前もノスタルジック。2.地下上映室は42席。小規模ならではの親密感が魅力。3.映画もカフェも券売機でチケットを購入するシステム

本と映画をめしあがれ

夕飯の買い物の帰りに、おもしろそうな映画のチラシを見つける。雨宿りに駆け込んだアーケード街に映画館があり、普段なら選ばないような映画を1本見ることにする。そんなふうに日常の延長線上にある、シアター・書店・カフェが一体となったカルチャースポットがあります。

「出町座」と名付けられたこの施設があるのは、京都の商店街の中でもとりわけユニークな出町桝形商店街。地元客でにぎわいながらも、鴨川の対岸には京都大学や左京区があることから、どこかフリースタイルな雰囲気が漂います。そんな空気に呼応して、出町座はたちまち商店街の顔になりました。

セレクト書店「CAVA BOOKS」、カフェ「出町座のソコ」が一つの空間に同居し、2シアターで1日10作品前後の映画を上映。カフェメニューの多くは上映室に持ち込みできるほか、書店やカフェだけの利用も可能です。

「『今、世界でこれがおもしろい』というクリエ

data
出町座［でまちざ］
MAP P218 ⑤　☎075-203-9862
京都市上京区今出川通出町西入上ル三芳町
133 出町桝形商店街内
10:00台～23:00台（日によって変動）　無休

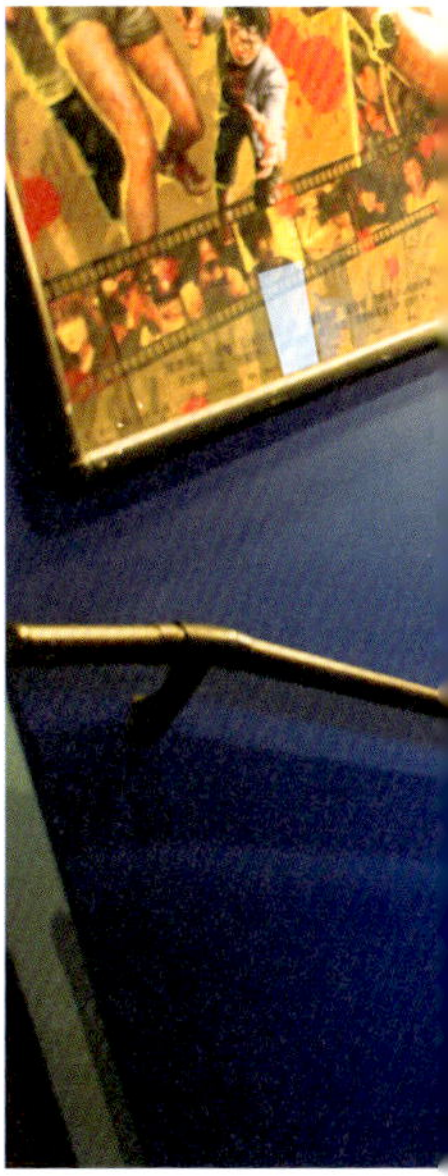

イティビティと、商店街を歩く主婦や子どもたちの胸の内は直結していると思うんです。いい本に出合ったから、いい映画を見たから、その日の晩ごはんがちょっと豪華になる。近所にそんな場所があったら楽しいじゃないですか」

そう語るのは、出町座を運営する「シマフィルム」の田中誠一さん。廃校となった立誠小学校を活用した「立誠シネマプロジェクト」を立ち上げ、街に根ざした映画のかたちを提供してきたメンバーの一人です。出町座は、立誠シネマプロジェクトを引き継ぐかたちでクラウドファンディングによるサポートも集め、御所以北では数少ない映画拠点のオープンを実現させました。

上映作品に合わせて、原作や関連書籍はもちろん、書店員の感性でリンクさせたテーマの選書を書店に並べ、好奇心をくすぐる仕掛け。映画館を出た後も映画の魔法が解けない小さなおまじないが、あちこちにかけられているかのようです。ここで出合った映画や本が、誰かの一日をほんの少し、温めるに違いありません。

進々堂京大北門前

shinshindo kyodaikitamonmae

No.36 左京区

図書館を思わせる重厚なテーブルは、続木氏が木工・漆芸家の黒田辰秋氏に依頼したもの。黒田氏は「200年は持つ」と話したそう

1. レリーフの看板や窓枠のデザインなど建築物としても見ごたえがある。2. 隣接のベーカリーには毎朝焼きたてのパンが並ぶ。奥のレトロな日めくりカレンダーも現役。3. "学問は自己を超越する"と彫られたパンのショーケースの台座。床のタイルも今では希少。4.「フルーツサンド」(740円)。手で食べられるのがうれしい

1
2 4
3

いつも同じ時が流れる場所

思い思いの場所に腰掛け、参考書を広げたり、書きものをする人の多くは学生や大学教員たち。一方で、歴史ある喫茶店の空間を楽しみに訪れる旅行客の姿もあります。旅と日常がそっと隣り合っているのが、この店のふだんの風景です。

「スマホが普及しても、うちのお客さんはあんまり変わらないように思いますね。勉強したり、本を読んだり……。この窓からの風景も、京大がある以上それほど変わらないでしょうね」

そう話すのは、4代目店主・川口聡さん。1930(昭和5)年にこの店をオープンした、ベーカリー「進々堂」の創業者・続木斉氏のひ孫にあたります。渡仏した続木氏が、学生街カルチエ・ラタンで目にした、カフェで議論を交わす学生の姿。そのアカデミックな気風を京都にも、と細部に本場の雰囲気を取り入れました。

BGMのない店内は、柔らかな光のうつろいや、席を立つ人、座る人の気配、合間に聞こえる小さなおしゃべりで、時折ふわりと空気が入れ替わります。その穏やかな時の流れは、この店が積み重ねてきた時間の層そのもの。

「照明やタイルも、今では手に入りにくいものや、修理できる職人がいなくなってきているものばかりです。不便もあるし。全然バリアフリーじゃない(笑)。それでもなるべく創業時のままの姿を残していきたいと思います。いつ来ても同じ空気を感じてもらえるように……」

変わらずにそこにあること。それは、そのままにしておくこととは違います。手入れをし、壊れたら修繕し、時代遅れの不便さにつき合ってようやく「変わらない」場所になります。「なんとなく、ご先祖さまが見ているような気がしますね」と川口さんは笑います。

母校を再訪する人や何年ぶりかに京都旅行に訪れた人がこの店を訪ねた時、変わらない空間にいつかの自分に再会したような気持ちになる。この店にご先祖さまの心が宿っているとしたら、何度もそんな人々を目にしてきたことでしょう。

上／「カレーパンセット」(830円)は勉強や読書しながらでも食事ができるよう考案されたメニュー。下／タイル張りのカウンターやショーケース、照明など修繕を繰り返しながら当時の内装を保っている

data
進々堂京大北門前
［しんしんどうきょうだいきたもんまえ］
MAP P218 ⑤ ☎075-701-4121
京都市左京区北白川追分町88
8:00～18:00　火曜定休

予約席
RESERVED

HOUNENIN
法然院

侘びた山寺に訪れる
年に2回の鮮やかな色彩

法然上人ゆかりの旧跡は、茅葺きの山門と白砂壇がひっそりと侘びた雰囲気。けれど、伽藍内部特別公開の時には、春は椿、秋は紅葉の麗しい色に彩られます。この時にしか見られない、狩野光信、堂本印象らが手がけた襖絵や、方丈庭園の静かな情景も心に響きます。

data
MAP P218⑤　☎075-771-2420
京都市左京区鹿ヶ谷御所ノ段町30
6:00～16:00（伽藍内部特別公開 春9:30～16:00、文化財保存協力料500円／秋9:00～16:00、文化財保存協力料800円）　入山料：無料

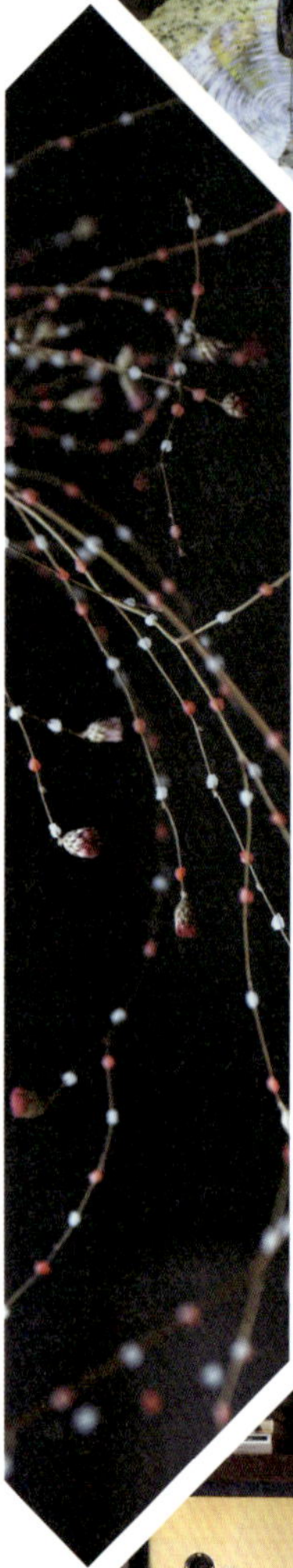

北山・西陣・紫野

Kitayama, Nishijin, Murasakino

p.146-173

こんにちは。古都の日常

緑豊かな賀茂川に、四季折々の
草花に癒される府立植物園。
上賀茂神社、大徳寺、北野天満宮などは
由緒ある社寺ながらも、王道の観光地というより
地域で脈々と歴史を刻んできたという趣きがあります。
のびやかな自然と街の歴史が息づき、
素敵な店主の個人店も多いこのエリアは、
「ふだんの京都」を垣間見るのに最適な場所。
かく言う私も、休日には自転車に乗って
お店めぐりやピクニックを楽しみます。
自然体で、どこか芯のある美しさが宿る
京都の日常を感じてみてください。

かみ添

kamisoe

No.37　西陣

光と心を映す紙

薄化粧をほどこすように、版木を使って紙に美しい文様を写す「型押し」という技法。唐紙などに用いられるこの技法で、つつましくも凛とした紙の品々を作るのが「かみ添」の嘉戸《かど》浩《こう》さんです。職人の町・西陣の一角にある小さな店に並ぶのは、カード、ぽち袋、レターセットといった紙文具の数々。絵の具のノリや文様のかすれ具合もそれぞれ異なる手摺りの一枚は、大切な手紙や贈り物に使いたくなります。

とりわけ、かみ添の仕事で心奪われるのは、白に白で文様を重ねた意匠。微妙に色調の異なる白の重なりは、光を受けるとほのかにきらめき、文様が浮かびあがります。

紙の上にふわりとのるような質感は、「ふるい」と呼ばれる道具で版木をなでるように色を移し、摺る技法から生まれる

上／和だんすや唐紙のアートパネルなどを配したシンプルな空間。下／「僕にとっては、型押しも印刷の一つ。手仕事の品というより、特殊印刷のテクスチャーや発色をおもしろがるように見てもらえたら」と作り手の嘉戸さんは話す

ふすま紙として用いられてきた唐紙は、ほの暗い空間の中でろうそくのあかりに照らされた時、より美しく文様が浮かびあがる――。谷崎潤一郎の『陰翳礼讃』のごとく、日本独自の光と影の美意識に由来しているのかと思いきや、嘉戸さんからはこんな答えが返ってきました。

「白地に白というのは、唐紙の基本。地色の白は紙の素の色ではなく、一面に胡粉という白の絵の具を引いています。これは、和紙の強度を上げ、紙肌が変色するのを防ぐため。紙を丈夫にするという目的から生まれ、日本の住環境にも合っていたのだと思います」

文化の成熟とともに、さまざまな色が使われるようになった唐紙。けれど、嘉戸さんは必然から生まれた白の美を大切にしています。奥ゆかしいたたずまいは文様に見入るきっかけになり、贈る気持ちに控えめに寄り添います。

紙そのものがギフトになるかみ添の品。「心を伝える」という役目を果たした後、受け取った人の棚や壁に飾られて、日々の柔らかな光を映すことでしょう。

1
2	3

1.色を使った作品も、1枚1枚地色を引いてから文様を重ねる。二つ折りカード(各1,080円)。2.文様はすべてオリジナル。どこか異国情緒や現代のセンスをまとい、伝統工芸であることを感じさせない自由さがある。3.通りに面した窓から、凛とした雰囲気に惹かれ中をのぞく人も

data
かみ添［かみそえ］
MAP P219 ⑥　☎075-432-8555
京都市北区紫野東藤ノ森町11-1
12:00～18:00
月曜定休、不定休あり

「季節の定食」(1,100円)。この日は大根とお揚げのなますにクミンを効かせて

スガマチ食堂

sugamachi shokudo

No.38　北山

一汁五菜の自然のちから

植物園近くの住宅街にある「スガマチ食堂」は、旬の野菜をたっぷり使いつつ、薬膳の要素を少し加えたヘルシーな定食が人気。「季節の定食」は、みずみずしいグリーンや鮮やかなピンク、心を明るくするイエローなど、自然の色に彩られた一汁五菜が並びます。

店を切り盛りするのは、松倉由香さん。以前はインド料理店でスパイスや薬膳の勉強をしながら、菜食料理を作っていました。その時身につけた、野菜の色や香りを引き出す調理方法、スパイスや生薬を取り入れる工夫が、今の料理の原点になっています。

「その季節に採れる野菜には、暑い時期は水分が豊富だったり、寒い時期には体を温めたりと、理

1. 角地の地形を生かしたシンプルな空間。ところどころに、旅好きの松倉さんが旅先で出合った雑貨が飾られている。2.「カルダモンミルクのアイス」(350円)。チャイなどに使われるカルダモンは、消化を助け口臭予防にも。3. カウンターには自家製の果実酒やシロップが並ぶ

にかなった性質があります。健康食というより、〝季節のものが一番おいしく、体に必要なもの〟と素直に感じてもらえたらうれしいです」

食材の効果効能を気にするよりも、大切なのはきっと、季節の理にかなった作物を感謝していただくこと。自然の恵みと薬膳の知恵に、フレッシュなエネルギーをもらってください。

data
スガマチ食堂［スガマチしょくどう］
※2019年8月閉店。2020年1月現在、「ikke」にて定期開催(完全予約制)
https://www.instagram.com/sugamachi_shokudou/?hl=ja

朧八瑞雲堂

oboroyazuiundo

No.39　紫野

上／軒下から見る通りの風景に心が和む。下／「生銅鑼焼」（1個340円）は小倉、抹茶など6種類。人気の味は午前中に完売することも

口いっぱいにほおばる「本日中」の口福

老舗のひしめく京都では新しい、2009年にオープンした和菓子店。上賀茂神社から賀茂川を挟んで西側の住宅街にあり、観光客から地元の人々までがたえず訪れます。お目当ては、真横から見ると数センチはあろうかという量の生クリームが挟まれた「生銅鑼焼」。ボリューム満点の見た目に反して、ムースのようにふんわり軽やかな食感でぺろりと平らげてしまいます。インパクト抜群のビジュアルも話題を呼び、人気の味は午前中に売り切れることもしばしば。

「その日のうちに食べるものをどれだけ作れるかが、菓子屋の腕の見せどころ」と語る大将。口に入れた瞬間に感動するような、ふわふわ感や口どけの良さ、控えめな甘さは、日持ちしない和菓子だからこそ出せるもの。「生銅鑼焼」や看板商品のわらび餅「朧」といった名物は、そんな大将の気概から生まれました。

家族のおやつに、友人へのおもたせに、店先のベンチでぱくりと。「日持ちしないから」をうれしい口実に、今日限りのおいしさをほおばることにしましょう。

data

朧八瑞雲堂
［おぼろやずいうんどう］
MAP P219 ⑥　☎075-491-6011
京都市北区紫竹上竹殿町43-1
9:00～19:00（売り切れ次第終了）
火曜定休

1 2 3

1.奥のショーケースには干菓子や上用饅頭なども。2.のれんには、吉祥の雲「瑞雲」が描かれている。3.店頭には、その日のうちに食べるからこそおいしい和菓子がたくさん並ぶ

data

花梓侘［かしわい］
MAP P219 ⑥　☎075-722-7339
京都市北区上賀茂今井河原町55
9:00～18:00（朝ごはん9:00～11:00L.O.、
ランチ12:00～14:00L.O.）
※ランチ、持ち帰りともに予約がベター
水曜定休

ひと口でいただける愛らしいサイズ。こちらは鯛の昆布じめ

花梓侘

kashiwai

No.40　北山

1.「つまみ寿し15貫」(3,132円)。赤だしと5種類から選べるデザートが付く。2.ランチに追加で単品料理を組み合わせることも。こちらは「くみあげ生湯葉のお料理」(540円)。3.うつわの店でもある。店頭にはさまざまな和食器が並ぶ

花のような、和菓子のような

和菓子のように、指先でちょんとつまめるほど愛らしいから「つまみ寿し」。手まりずしを15貫並べた、北山の和食店「花梓侘」の名物です。

20年近く愛されているこのおすしは、オーナーの柏井順子さんの娘・梓さんのアイデアから。うつわと和食の店としてコース料理を提供する中で、「前菜のような上品さがありつつ、もっとカジュアルに、いろんな味を少しずつ楽しむ料理をお出しできたら」と考案しました。京ずしの文化にならい、ネタの多くは昆布や酢でしめたり、煮付けたりとひと手間加えたもの。そこに、お漬物、湯葉、生麩など京都ならではの食材をちりばめ、多彩な味を一度に楽しめる一箱になりました。

カウンターでいただく高級ずしではなく、家族や友人で、お祝い事やお花見の席で「どれから食べる？」と話しながらいただくおすし。つまみ寿しという名前から浮かぶのは、そんなにぎやかな食卓の風景です。花を食むような可憐な一粒を、おひとつつまんでみませんか。

わたしの京都歩き

2 ［北山・紫野］

自宅から自転車や徒歩でよくめぐる、
北山・紫野エリアの店をご紹介。
店主の「好き」を形にした素敵な個人店が
多いので、友人が京都を訪れたら、
つい案内したくなる街です。

京都府立植物園は緑が心地よく、四季の草花や子どもの遊具もあってのびのびと過ごせる場所。こちらのきのこ文庫には絵本がぎっしり！

野菜たっぷりの定食がおいしいスガマチ食堂（→P150）のお昼ごはん。食事を終えると、細胞のすみずみまでリフレッシュしたような気分になります。（※2019年8月閉店）

鴨川からちょうど100歩のところにあるWIFE&HUSBAND。通りかかって、並んでいなければラッキー。ハニーチーズトーストと店主の吉田さん夫妻とのおしゃべりが楽しみです。

北大路や北山から大徳寺〜紫竹方面に足をのばすなら自転車がおすすめ。こちらは北大路駅近くの自転車屋さんの案内。北山大橋西にシェアサイクルも。

コーヒーを待つ間、店内のアンティークを眺めていると心が落ち着きます。2号店のD&S（→P176）での個展やイベントも必ずチェック。

無垢の木の家具や雑貨を手がける木印はSTARDUSTからすぐ。鉄格子の窓に矢印のサインボードの外観に大人のカッコよさを感じます。

憧れの歩粉が、京都にオープンすると知った時の感激たるや！　写真はデザートSセット。ほっくり温かなバターケーキ、定番の豆乳くずもちにスコーン。おやつの魔法にかかります。

しっとりと吸い付く木肌、おおらかな木目の表情の小物はコツコツ集めたくなります。温かみがありつつ、たたずまいはキリリ。いつか家具も、と夢見ています。

STARDUSTは光に満ちた有機的な空気の流れるカフェ&ギャラリー。ここを訪れるといつも、自分の内にある感性の扉を開いてくれるような気がします。

oeuf coffeeとして活動する有瀬万里子さんが、お父様の店を引き継いだソニアコーヒ。レトロ感に今の気分がほどよくミックスされ、居心地が良いのです。写真はクロックマダム。

STARDUSTのスペシャリテがこのロウケーキ。火を使わず、生カシューナッツやココナッツオイルなどで作るテクスチャーはうっとりする口どけです。

＊掲載店の位置情報はすべて［MAP P219 ⑥］

串揚げ 万年青

kushiage omoto

No.41 西陣

旬をからりといただく幸せ

皮ごとの里芋や、肉厚のしいたけ、チーズを挟んだトマト。これらはすべて、「串揚げ 万年青《おもと》」の串の素材です。どんな食材がどんな順番で出てくるかはコースのお楽しみ。途中で供される野菜の「箸休め」でリフレッシュしつつ、旬の恵みを存分に味わえると評判です。

万年青は、串揚げ一筋で歩んできた青木嗣さんの技、インテリアや生け花に精通した妻の裕子さんのセンスを形にした店。オーガニックの食への探究心も熱く、生産者のところへ足を運んでは、その味や姿勢に共感した食材を使っています。

「どんな食材も揚げると茶色なのでインスタ映えはしませんが(笑)、農家の方々が自然と対話しながら作る、素材の力強さを感じていただけたら」と裕子さんは話します。

真摯に食材を選び、丁寧に下ごしらえして、からりと揚げる。その一方で、衣をまとった串はサクッと軽やか。たっぷりの揚げ物をいただいた後とは思えないほど、穏やかで優しい満足感に心満たされることでしょう。

一番搾りの圧搾菜種油で揚げる串は1本151円〜。コースは、箸休め2〜3品を含みお好みの本数でストップできる「おまかせコース」、串12本におかわり自由のサラダと箸休め、ごはん、おみそ汁、デザートが付いた「万年青コース」(3,780円)など

7

1	2
3	4
5	6

1.サツマイモには角切りバターをちょこんとのせて。2.箸休めの「ぶどうのはちみつおろし和え」は、揚げ物続きの口にうれしい。3.コースとは別に「特選串」も。絶妙なレア加減に揚げた「牛かいのみ串」(3本972円)。4.季節の白和えやポテトチップスなど4品がのった箸休め。5.はまぐりには揚げたてにだしをジュワッとかけて。6.仕上げに山椒をぱらり。7.西陣の商店街の一角。週末は予約客でいっぱいに

data

串揚げ 万年青［くしあげ おもと］
MAP P219 ⑥
☎075-411-4439
京都市上京区筋違橋町554-2
18:00～21:30最終入店
月曜定休、不定休あり

上／野山の風景をそのまま切り取ったような寄せ植え。下／自然のままの形の枝ものは1本からでも購入可能

みたて

mitate

No.42　紫竹

一輪の花に野山を見る

すっかり葉を落とした木の根元から、芽が吹き、小さな花が開く——。冬山の情景をすくいとってきたかのような早春の「みたて」の風景です。

「他の季節では、花が咲き、散ると見頃を終えますが、今の時期は、枯れているように見える植物が逆に芽吹いてゆくさまを楽しめるんです」

そう話すのは、店主の西山隼人さん。妻の美華さんとともに、山野草を中心とした花屋を営みます。店名の由来となった、ものを本来の姿や用途とは別のものに「見立てる」手法は、さまざまな日本文化の中に息づく美意識。全国からオーダーが集まる正月飾りや季節の花を用いたギフト、店頭の寄せ植えやなげいれの花の仕事に、その凛とした感性が光ります。

「見立てる」という行為は、茶人や芸術家が持つ才能ではなく、いつの時代にも人びとに宿る目。「みたて」の草花や飾りは、私たちの内にある想像の目に気づかせてくれます。一輪の花から広がる景色や物語を、どうぞ感じてみてください。

data
みたて
MAP P219 ⑥　☎075-203-5050
京都市北区紫竹下竹殿町41
金曜・土曜12:00～17:00（要予約）

左／本来花を生ける用途ではないものも花入れに見立てる。写真は陶工の窯道具。右／正月飾りの餅花は、定石の柳ではなく高野箒を使った。見立てることで新しい表情が生まれる

「紅梅」（450円）。あんこ、きなこが1個ずつ多い「白梅」（600円）も。ともに煎茶付き

粟餅所 澤屋

awamochidokoro sawaya

No.43　北野天満宮

寄らずにおれない門前茶屋

北野天満宮を訪れたなら、門前の「粟餅所 澤屋」に立ち寄るのが京都人のお決まりのコース。蒸した粟をなめらかにつきあげ、あんこやきなこでいただく粟餅は、もちもちとした食感にプチッと弾ける粟のつぶがクセになる味わいです。

「粟はもともと、米の代用品として食べられてきたもの。庶民の穀物だった粟を使って、甘いもんをこしらえたのでしょう。今では粟の生産者が少なくなって、米より高価になりました」

13代目当主・森藤哲良さんはそう笑います。

硬くなりやすい粟餅は、注文が入ってから手早く丸められます。一緒に作業をするのは、息子の

哲良さん、淳平さん親子。時には先代の與八郎さんが加わり、3代そろって作業することも

淳平さん。手が記憶しているかのようにテキパキと作られる様子を眺めていると、その長い歴史以上に、日々の努力やおもてなしの心がこのおいしさを作り上げているのだと感じます。

日持ちせず、作り置きもできないため、北野名物の粟餅をいただけるのは門前のこの店のみ。だからこそ、北野天満宮に参拝すると自然に足が澤屋の方へと向かいます。寄らずにおれない京都人の気持ちは、一度食べれば納得です。

お持ち帰りは10個入り1,200円。あんこ・きなこを好みの配分で注文できる。賞味期限は当日中

data
粟餅所 澤屋［あわもちどころ さわや］
MAP P219 ⑦　☎075-461-4517
京都市上京区紙屋川町838-7
9:00～17:00（16:30以降、売り切れ次第閉店）
木曜・毎月26日定休（日曜・祝日の場合はなるべく営業、前後の日が代休）

妙心寺 東林院

myoshinji tourinin

No.44 花園

料理ができあがると、配膳も参加者が行う

作る、いただく、いのちの循環

沙羅双樹の寺として知られる、妙心寺の塔頭「東林院」。沙羅の花が咲く6月中旬や行事の時以外は非公開のこの寺には、料理教室というもう一つの顔があります。20年続く「禅寺で精進料理を体験する会」。精進料理をいただける寺は京都に数多くありますが、ここでは寺の厨房で作り方を学びながら食事をいただけるのです。

料理教室では、旬の素材を使った献立2〜3品を参加者全員で調理し、できあがった食事は庭を眺めながらいただきます。レシピはすべて、西川玄房住職によるもの。厳格な精進料理ではなく、家庭で気軽に取り入れられる献立ばかりです。

精進料理の基本は、肉や魚を使わないだけでなく、素材のすべてを生かし、エネルギーや資源を大切にしながら調理し、食事によって命をいただくという行為を見つめること。レシピをよく読み、材料を使い切る工夫や洗い物を増やさない手順をイメージして調理を進めます。

「禅の世界では、料理も修行のうち。ここでの体験から気づきがあり、家庭での料理に生かしてもらえれば」と住職は話します。修行時代に料理番に励むうちにその奥深さに目覚め、住職に就いてからは料理本や地元の新聞でレシピを発表。教室は、「料理を楽しみ、人と話すことで、私自身も精進するという意味を込めて」と始めました。

自分たちで作った料理に住職手作りの数品を加えて美しい膳ができあがると、参加者から口々に「おいしそう」の声が。ひと口ごとに噛みしめていただくと、自然の滋味、命の恵みがしみじみと感じられます。

朝花開けば夕刻にはポトリと落ちてしまう、沙羅の花。そのはかない美しさに私たちは心を打たれますが、命に限りがあるのは、すべての生きるものに共通すること。精進料理を学び、作り、いただくその過程で感じた命の循環は、自然や暮らしの見え方を少し変えてくれるかもしれません。

data

妙心寺 東林院
［みょうしんじ とうりんいん］
MAP P219 ⑦　☎075-463-1334
京都市右京区花園妙心寺町59
通常非公開（「禅寺で精進料理を体験する会」は毎週火・金曜 10:00〜13:00　3,500円／1名）
※毎月初、月末、1月、行事の場合休回あり
※電話で仮予約後、往復はがきで申し込み

1
2 3
4 5

1.完成した料理は、奥書院で庭を眺めながらいただく。2.献立の一例。野菜の皮やだしがらまで使われている。3.沙羅の花は6月中旬が見頃。4.食後に住職の談話を聞き、日々の生活を振り返って。5.洗い物を増やさぬよう、おたまを使わないなど調理や盛り付けも工夫して行う

クリケット

cricket

No.45　北野天満宮

上／上質でみずみずしい果物が並ぶ。食べごろや食べ方を相談できるのは専門店ならでは。下／テイクアウトもできる人気のフルーツアイスバー。こちらは「マンゴーヨーグルト」(480円)

フルーツは季節の便り

洋菓子が身近になり、姿を消しつつある街のフルーツパーラー。しかし京都には、長く愛されている老舗のパーラーが残ります。1974(昭和49)年創業の「クリケット」もその一つ。

「〝果物を果物のまま提供するだけでは、心をつかめない〟というのが、先々代の考えでした。看板商品のフルーツゼリーは、そんな思いから誕生したもの。今でも、果物屋らしいスイーツとは何かを考えながら試行錯誤しています」と語るのは、3代目の小坂洋平さん。洋菓子店にはない、果物専門店だからこそできるメニューやサービスでもてなす姿勢は、創業時から変わりません。

「スーパーで選んだ果物で失敗した経験がある方もいると思いますが、フルーツパーラーでは、いつ食べるのか、どう食べるのかまでお聞きして提案できます。スイーツをきっかけに、旬の果物をそのまま味わう喜びも知っていただけたら」

旬の味覚を季節の便りとする京都の気風。果物からもそれを感じて、季節の訪れを喜びあってきたのでしょう。パーラーならではのメニューに心躍らせながら、季節を感じてみてください。

上／看板商品のフルーツゼリー(700円)はフタの部分の果汁をギュッと絞っていただく。下／2017年にリニューアル。ロゴや外装を一新しつつ、かつてのコオロギモチーフのすりガラスなどを残している

data
クリケット
MAP P219 ⑦　☎075-461-3000
京都市北区平野八丁柳町68-1 サニーハイム金閣寺1F
10:00〜18:00
火曜不定休

いち和

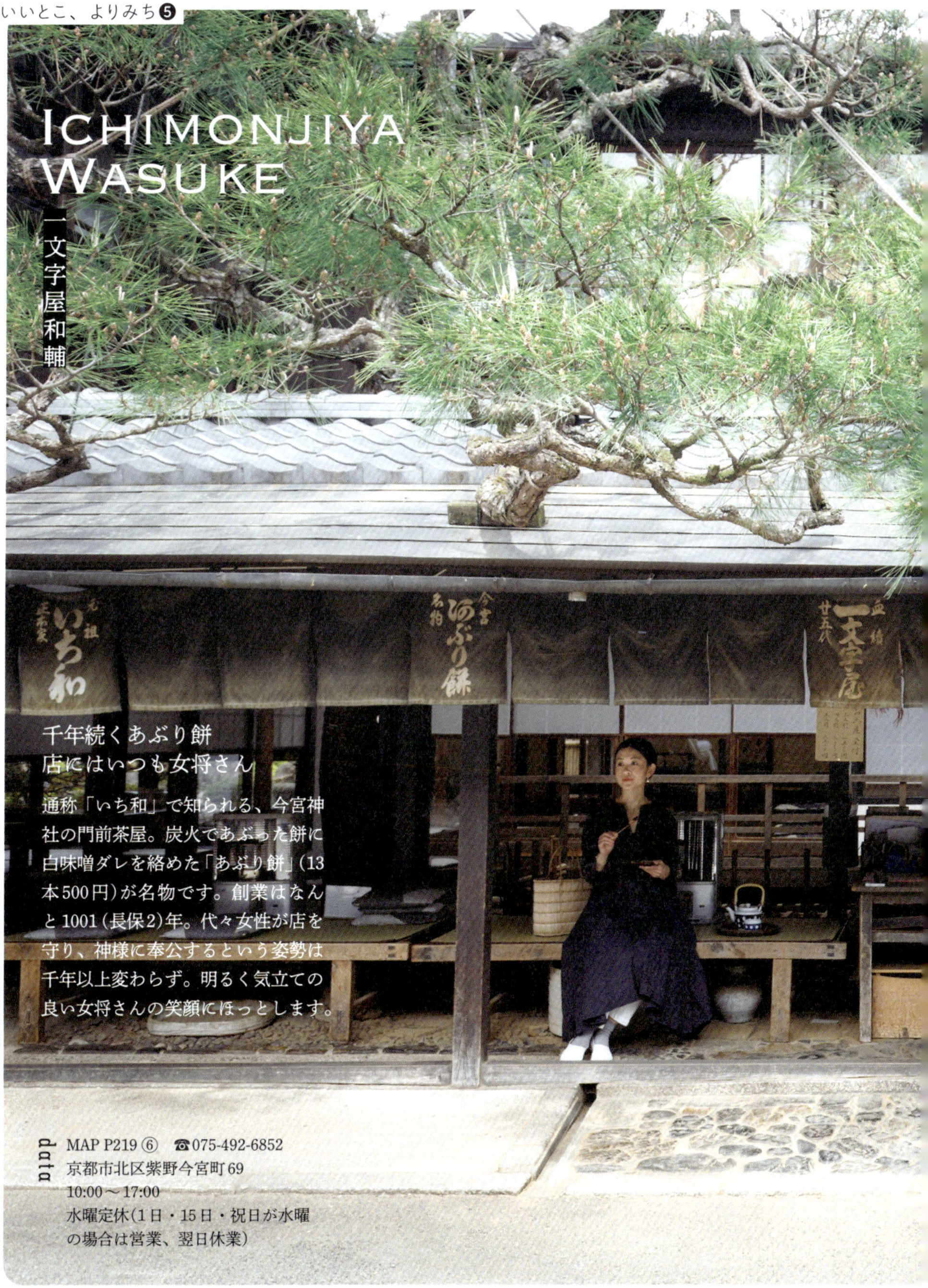

ICHIMONJIYA WASUKE

一文字屋和輔

千年続くあぶり餅
店にはいつも女将さん

通称「いち和」で知られる、今宮神社の門前茶屋。炭火であぶった餅に白味噌ダレを絡めた「あぶり餅」(13本500円)が名物です。創業はなんと1001(長保2)年。代々女性が店を守り、神様に奉公するという姿勢は千年以上変わらず。明るく気立ての良い女将さんの笑顔にほっとします。

data
MAP P219 ⑥　☎075-492-6852
京都市北区紫野今宮町69
10:00～17:00
水曜定休(1日・15日・祝日が水曜の場合は営業、翌日休業)

京都駅・五条

Kyoto station, Gojo

p.176-201

京都らしい旅の"よりみち"に

もみじの名所・東福寺に、東寺、三十三間堂、
南に足をのばせば伏見稲荷大社と、
人気の観光スポットが集まる京都駅周辺。
さらに、美しい空間に迎えられる新アドレスや
昔ながらの手仕事や味わいを感じる店も。
旅の始まりに、終わりに
観光の合間に。
気になる一軒を訪ねてみてください。

吊り下げられたドライフラワーの花束は、
北大路のW&Hにも共通する風景

ROASTERY DAUGHTER / GALLERY SON

No.46 京都駅

data

ROASTERY DAUGHTER／GALLERY SON
［ロースタリードーター／ギャラリーサン］
MAP P216 ③　☎075-203-2767
京都市下京区鎌屋町22
12:00〜18:30　営業日はHPを確認

W&H
COFFEE

COFFEE

WIFE&HUSBAND
ROASTERY
DAUGHTER
GALLERY
SON

コーヒーと古道具が紡ぐ物語

京都駅から西に15分ほど歩いた堀川通沿い。古びた3階建てビルの外壁に、ある日、「COFFEE」のサインが掲げられました。通り過ぎる人の目に留まることもなく、時間が止まっていたかのようなビルが、再び時を刻み始めたのはそのころからです。

「COFFEEの文字って、英語が母語じゃなくてもひと目で伝わるでしょう？　国や言語に関係なく、道行く人が扉を開けてくれたらと思って」

そう話すのは、市内の人気カフェ「WIFE&HUSBAND(以下W&H)」とこの店「ROASTERY DAUGHTER／GALLERY SON(以下D&S)」の店主・吉田恭一さん。妻の幾未《いくみ》さんと夫婦で始めたW&Hの2号店として、「娘と息子」を名前に入れた焙煎所&ギャラリーをオープンしました。

1階の棚には、ギフトにしても、そのままキッチンの片隅に置いても美しい、ネイビーの箱に入ったコーヒー豆が並びます。2階のギャラリーには、フランスのテーブルウェアや古着、恭一さんがコツコツと骨董市に通って買いつけた古道具やパーツが。W&HとD&S、2つの店を彩る美しいものを一つひとつ集めてきたような空間です。用途のわからないパーツや本来の姿を失った道具を、お客様と一緒に「どう使いましょうか？」と話す恭一さんの姿が「何より楽しそう」と幾未さんはほほえみます。

「人と話すことが好きなんです。だから、店を増やしても、経営に徹するのではなく、いつもプレーヤーでいたい。お客様の喜ぶ顔を目の前にするとうれしくて、その瞬間、喜ばせていただいているのは僕らの方だなと思うんです」

そう語る恭一さんが2階の窓から通りを見下ろすと、大きなバックパックを背負って扉を開く外国人のお客様の姿がありました。焙煎したてのコーヒーの香り、時を経た古いビルと、そこに並ぶ古道具たちの美しさ、端正なデザインのコーヒー豆。言葉が通じなくても伝わる喜びを集めたこの場所で、これからどんな物語が奏でられてゆくのか、楽しみでなりません。

1.美しい箱入りのコーヒー豆が並ぶ。他に、D&S限定で、自宅用にと考案されたグリーンの薄紙のパッケージも。2.七条堀川南にたたずむ古ビルは、夫婦ともに直感で惹かれた建物。吉田さん夫妻によって命が吹き込まれるように、みるみる味わい深い空間へと様変わりした。3.ドアのガラスの文字は、W&Hと同じ書体。2つの店が家族のようにリンクする。4.D&Sは、カフェはなく豆の販売のみ。月ごとの営業スケジュールに沿って、夫婦とスタッフで2つの店舗を切り盛りしている。5.ギャラリーに並ぶ古道具。使い道のあるもの、ないものが交じり合っているのが良い

1 2
3 4
5

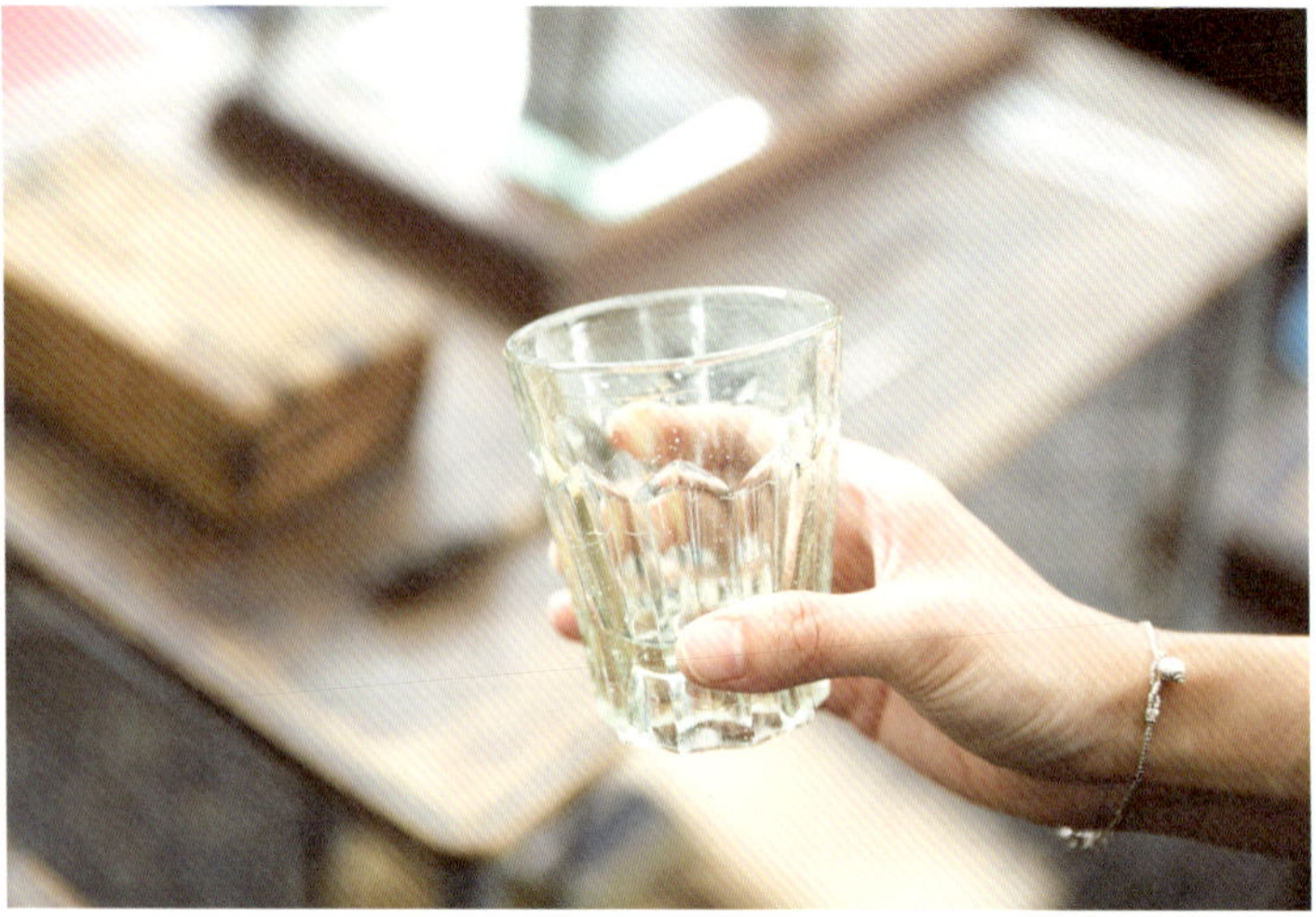

東寺がらくた市

touji garakuta market

No.47　　京都駅

上／戦前のシンプルな古道具を中心に扱う「rust+antiques」から、定番の剣先コップ。古いガラス独特のゆらぎやふぞろいなのが魅力。下／ブルーシートの上のずらりと並ぶ、染付や赤絵の古いうつわ。この光景は骨董市ならでは

上／早朝ほど品物は充実。のんびり見るなら一般の方は9時前後でも。下／和洋、ジャンク問わずさまざまな古いものが並ぶ。古物だけの市なので買い付けに訪れる店主も多数

がらくたという名の宝物

「東寺のがらくた市がおもしろいよ」

京都の古道具店の店主に、おすすめの骨董市を尋ねると決まってこの答えが返ってきます。京都の2大骨董市といえば、毎月21日に東寺で行われる「弘法市」と、毎月25日の北野天満宮「天神市」。この二つは、骨董品だけでなく、屋台フードや乾物、植木、手作り雑貨までさまざまな露店でにぎわうので、どちらかというと縁日のような雰囲気です。一方「東寺がらくた市」は、骨董から西洋アンティーク、骨董的価値は低いけれどたたずまいの美しい古道具、ジャンク品から珍品まであらゆる古物が並ぶ、古いもの好き

1 2 3
4 5

1. 南大門からの風景。近くにはコーヒーなどを出す喫茶コーナーも。2. 木箱に入り、紙に包まれたままの品から掘り出しものを探すのも楽しみ。3. 錆びた金属の穴杓子、ミルクガラスのバットなど、味わい深い素材に見入る。4. 麦茶やサイダーが似合う、レトロなデザインのグラス。5. 店主の目利きと状態の良さに定評がある「古美術 清水」。南大門前に実店舗もあり

data

東寺がらくた市［とうじがらくたいち］
MAP P216 ③
☎0774-31-5550（東寺出店運営委員会）
京都市南区九条町1　東寺境内
毎月第1日曜　5:00～16:00ごろ（雨天決行）

による古いもの好きのためのマーケット。「早い人は朝5時から。朝もやの中、私たち出店者が荷ほどきするのを待っているくらいです(笑)。同業者に定評のある市ですが、一般のお客様、海外から来られる方もたくさん」と、出店者の一人、滋賀県の「古道具&カフェ 海津」の店主・滝川毅さんは話します。

境内の片隅の喫茶コーナーでは、早朝から掘り出しものを発掘に訪れた人々が、戦利品をかたわらにのんびりと朝食をとっています。がらくた市歩きを終えたら、そのまま東寺をゆっくり拝観するのが、旅行客の定番コース。金堂、講堂、五重塔などの有料拝観となる場所を除き、境内は朝5時から自由に散策することができます。

一見がらくたのように見えるものの中から、ふと目が合う自分だけの宝物。市ならではの一期一会の宝探しを、ぜひ体験してみてください。

上／家庭用の削り器も販売。削り方のレクチャーも行う。下／本店の隣に新設された工場では、見学や削りたてを購入できるサービスも

うね乃本店

uneno honten

No.48　京都駅

data

うね乃 本店［うねの ほんてん］
MAP P216 ③　☎0120-821-218
京都市南区唐橋門脇町4-3
9:00～18:00（土曜～16:00）
日曜・祝日・第2土曜定休

1.かつお節、まぐろ節、混合節などさまざまな削り節を試しながら選ぶことができる。2.削り節やだしパック、液体だしや粉末だしなどすべて無添加の商品が並ぶ。3.まずは昆布だしだけで味わい、削り節を加えて好みの味を探す。味の違いに驚くことも

じんわり沁み入る京都のおだし

東寺の西に本店を構える「うね乃」は、熟練の加工技術で京都のだし文化を支えてきた、創業100年を超える老舗のだし乾物店。本店では、奥のキッチンスペース「ODAIDOKO」で、いつでもだしの試飲や飲み比べができます。

「実際に天然だしの味を体験していただくと、ふだんは顆粒だしをお使いの方でもとても興味を持ってくださる。食を豊かにしたい人を増やすことで、おだしの力に気付いていただく一歩になれば」

そう語るのは、副社長の釆野佳子《うねのよしこ》さん。風味豊かなおだしがあれば、和洋中にアレンジでき、塩分や調味料の量も少なめで済むと言います。

うね乃のだしはすべて、国産の素材を無添加で自社加工したもの。昔ながらの鋼刃《はがね》の削り器で作る削り節は、表面にざらつきが残るため、うまみや風味がしっかり溶け出します。初心者でも使いやすいのは、そうした技術と工夫のたまもの。

和食の激戦区・京都で培われた、心と体に沁み入るおだしの力を、ぜひ体験してみてください。

吹き抜けからの風景。おおらかな造りは京町家と趣きが異なり、寛次郎が農家のような朴訥とした雰囲気を好んでいたことがわかる

河井寛次郎記念館

kawaikanjiro kinenkan

No.49　五条

人と暮らしを慈しむ、陶工の家

「暮しが仕事、仕事が暮し」

　こんな言葉を残した陶工の工房兼住まいが、東山五条の路地裏にあります。民芸運動の中心人物の一人で、陶芸のみならず木彫、金工、書や詩など、あらゆる分野で才能を発揮した芸術家・河井寛次郎。彼が職住一体の生活を営んだその場所は、「河井寛次郎記念館」になり、生前の面影を伝えています。

「来客の多い家でしたから、河井はよくお客様とこの囲炉裏を囲んで談笑していました。その奥の居間が、私たち家族が食事をしたりくつろいだりするところ。河井夫婦、娘夫婦と私たち姉妹三人、お手伝いさんやお弟子さんも加わり、大所帯で食卓を囲むことも多かったです」

　そう語るのは、寛次郎の孫であり記念館の学芸員を務める、鷺珠江《さぎたまえ》さん。寛次郎とは9歳までここで一緒に暮らし、「おじいちゃん」の仕事を間近に見ながら幼少期を過ごしたそうです。

　工房に残る登り窯は、京都で現存するのはここだけという希少なもの。点火されると三日三晩、炎が絶やされることなく燃え続けていました。

「窯に火が入ると、そこはもう〝聖域〟でした。ふだんは子どもたちの遊び場になっている窯ががらりと様相を変え『今は近づいてはいけないんだ』と、子ども心にわかりました。炎の気配やパチパチという音に、言いようのない高揚感を覚えた記憶があります」と鷺さんは語ります。

　年を重ねても、寛次郎の創作意欲は衰えることなく、ますます自由になっていきました。美の追求に妥協を許さない、祖父・寛次郎のことを鷺さんは「優しい人でしたよ」とふりかえります。

「己に厳しく、人に優しく。家族や友人との時間を大切にし、言葉の力を知る人でした」

　河井寛次郎記念館にただよう、懐に抱かれているような安心感。それは、寛次郎の暮らしと仕事が、常に「人」を尊ぶところにあった証しなのかもしれません。食事をとり、眠り、ものをこしらえ、おしゃべりして過ごす。そんなふうに生活のすべてを楽しみ、ともに過ごす人々を慈しんでいたという記憶が、この家には静かに宿っています。

data

河井寛次郎記念館
［かわいかんじろうきねんかん］
MAP P216 ③　☎075-561-3585
京都市東山区五条坂鐘鋳町569
10:00～17:00（16:30最終入館）
月曜休館（祝日の場合開館、翌日休。
夏季冬季休館あり）
入館料:900円（高校・大学生500円、小・中学生300円）

1.館員や来館者にかわいがられる、ノラ猫のえきちゃん。2.これほどの大きさの登り窯を見られるのは京都でもここだけ。3.釉薬のテストピースの数々。4.60代以降は木彫に熱心に取り組んだ。「手」のモチーフはさまざまな作品で表現されている

あまい、つめたい、なつかしい

　東福寺や泉涌寺からほど近い、今熊野商店街にある甘味処。こちらの「フルーツミルク氷」は、すいか、メロン、みかん、パイナップルなど、季節のフルーツがざくざく埋まったかき氷。優しい甘さに仕上げたミルクが、いつかの夏休みを思い出すような素朴な味わいです。

「最初は抹茶や黒糖を使ったかき氷ばかりだったんです。でも、大人はそういう氷が好きやけど、お子さんはあまり好まないでしょう？　子どもさん向けにフルーツを使った氷を出せないかと思ってできたのが、このかき氷なんです」

　そう語るのは、女将の平岡千賀子さん。「全部で何種類あったかな？」と笑うほど多彩なメニューは、「お客さんが喜んでくれはるから」とどんどん増えていきました。その数、かき氷だけで40種類！　手描きのイラストが愛らしいメニューをうれしそうに眺める修学旅行生もいれば、甘味ではなくコーヒーを飲みに訪れる常連客、ソフトクリームを買いにくる地元の子どもたちもいる。観光名所と商店街の間では、そんな素朴であたたかな日常が静かに紡がれています。

梅香堂

baikodo

No.50　東福寺

左／今熊野商店街の端。隣には公園、後ろには学校がある。右／アルバイトの女性が描いてくれたという愛らしいメニュー

data
梅香堂［ばいこうどう］
MAP P216 ③　☎075-561-3256
京都市東山区今熊野宝蔵町6
10:00～18:00（17:30L.O.）　火曜定休

上／「フルーツミルク氷」(900円)。てっぺんに鎮座するソフトクリームが女将さんのサービス精神を物語る。下／1953(昭和28)年に平岡さんの両親が始めた和菓子屋が梅香堂の始まり。のちに喫茶室を併設し、三世代で通う常連客もいるほど地元の人々に愛されるように

アルミ製両手鍋・浅型18cm（10,700円）ほか。
そのまま食卓に出せる美しい鍋が並ぶ

鍛金工房WESTSIDE33

tankinkobo westside33

No.51　七条

鍋と時間でおいしくなる

三十三間堂西側の通り沿いにあり、「鍛金」という金属を打ち出して成形する、シンプルな調理道具専門店。サイズや形もさまざまな鍋からカトラリー、キッチンツールまで、台所・食卓周りのあらゆる道具がそろいます。

使い心地の良さの秘密は、槌目《つちめ》と呼ばれる金槌跡。「人の手でこしらえたもんは、人の手のあたたかみがあるやろう」と、鍛金職人として約70年、腕一本で工房を支えてきた寺地茂さんは言います。職人の手作業で均一に打ち出された鍋は熱伝導に優れ、しっかりと厚みがあるので、煮物やスープをおいしく仕上げてくれるのだそう。

「ゆっくりと低い温度で炊いたら、料理は必ずおいしくなる。今はレンジやお湯を入れるだけでできるもんも多いけど、時代に逆らってますのや」

アルミのカトラリーや小物類。打ち出しの跡が手になじむ(1,000円〜3,300円)

そう笑う寺地さん自身も、料理をするとのこと。WESTSIDEの鍋は、寺地さんのおいしく調理するコツを形にした最良の道具でもあるのです。使っていて心地よく、料理をおいしく仕上げてくれる手仕事の道具。じっくりコトコト煮込む時間も、きっと愛おしくなるはずです。

ずらりと並んだ種類豊富なアルミ鍋。家族の人数やよく作る料理に合わせて選んで

data
鍛金工房 WESTSIDE33
［たんきんこうぼうウェストサイド33］
MAP P216 ③　☎075-561-5294
京都市東山区大和大路通七条下ル七軒町578
10:00〜17:00　火曜定休

walden woods kyoto

No.52　五条

白で統一された空間に、目の前の公園の緑がまぶしい

白い森へようこそ

オープンは午前9時。五条駅から徒歩6分、京都駅からは15分という散歩に最適な距離のため、京都に着いて最初の目的地として立ち寄る旅行客も少なくありません。着物姿の女性客、バックパックを背負った外国人、通勤途中の地元の人……。ここに集まる人々の多様さは、この店の開放的な雰囲気を象徴するかのよう。ランタンの灯かりに導かれるように階段を上ると、心地よい空気の源ともいえる空間が広がります。

この店には、テーブルも椅子もありません。階段状のベンチで、思い思いに時を過ごします。「森で暮らし、朝もやの中、月を見上げてコーヒーを飲む……。自然の中にいると、誰に見られることも強制されることもない自由を感じます。そんな静かで濃密な感覚を味わってもらえたら」

そう話すのは、空間プロデューサーで自身も森で暮らしを営む、嶋村正一郎さん。敬愛する作家、ヘンリー・D・ソローの代表作からこの白い空間を着想しました。湖のほとりで暮らすソローをイメージするうちに、その自由さを街で体現する手段として、土や木の色ではなく「白」を選んだそう。入り混じる街の色彩から、心をフラットな状態へと導く狙いがあります。

色も文字もない空間は、意識を必然的に〝ある〟ものに集中させます。ランタンの灯り、木漏れ日の美しさ、目の前の相手との会話、コーヒーの味。〝ない〟という不自由さは、取り囲まれていた情報の多さから心を解放するステップなのかもしれません。白い森の中で、一杯のコーヒー以外何もないという豊かさを味わってみてください。

data

walden woods kyoto

［ウォールデンウッズキョウト］

MAP P216 ③　☎075-344-9009

京都市下京区栄町 508-1

9:00～19:00　不定休

1.BGMは嶋村さんが時間帯や季節に合わせてセレクト。2.ヴィンテージのドイツ製焙煎機でローストされるコーヒーは、深煎り文化の京都では珍しい、浅煎り。キリリと酸味が立ち、フレッシュな風味とすっきりとした後味。「ウォールデンブレンド」(400円)。3.ランタンの置かれた階段を上って客席へ

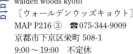

上／固定席のない真っ白な空間には、開放的な空気が流れる。下／5種のスパイスを挽くところから作る「チャイ」(600円)は、目の覚めるような風味

テラス席は夏にかけて緑に覆われる。
春は桜、秋は紅葉も

世界中の旅人が憩う場所

店の奥で開け放たれたドアの先に広がる、稲荷山の森の木々。ここは、伏見稲荷大社の神蹟めぐりを終えた人々の憩いのカフェです。

オーナーの木村茂生さんは、伏見稲荷大社で茶店を営む家に生まれ、オーストラリアのメルボルンで暮らしたのち、この店をオープン。最初はメルボルンでカフェを始めるつもりが、海外の友人らと話すほど、京都の魅力に気付いたと言います。「京都や伏見稲荷がこんなにも世界中の人々をひきつけるのなら、自分のやりたかった〝国境を越えてさまざまな人が集う〟カフェを開くには、とてもふさわしい場所だと思ったんです」

その願い通り、カフェは日本人だけでなく、多くの外国人客でにぎわっています。カウンターに立つスタッフの国籍もさまざま。テーブルにはガ

産場稲荷方面への下山道出口にある

イドブックが置かれ、相席になった人々が言葉を交わす場面も少なくありません。

鳥が羽を休める止まり木のように、次々と旅人が集うカフェ。緑に癒やされながら、おいしいコーヒーを片手に、次の旅の目的地を相談してはいかがでしょう。

data

Vermillion - cafe.
［バーミリオン カフェ］
MAP P214
☎075-644-7989
京都市伏見区深草
開土口町5-31
9:00～17:00
不定休

上／オセアニアのカフェをイメージした内装。下／ウィークエンダーズコーヒーによるオリジナルブレンドは、さわやかな酸味が特徴。ミルクと合わせると、コクがありつつも後口の良い絶妙のハーモニーを奏でる。「カフェラテ」（432円）

願いが「通る」
思い連なる千本鳥居

全国に約3万社ある、稲荷神社の総本宮。幾重にも続く鳥居の参道「千本鳥居」は、今や世界中から参詣者が訪れるホットスポット。こぼれる光を眺めながら歩く、朱色のトンネルはなんとも幻想的です。境内の鳥居はすべて、願いごとが「通るよう」または「通った」お礼として、全国から奉納されたものだそう。

data
MAP P214　☎075-641-7331
京都市伏見区深草藪之内町68番地
境内終日参拝自由
拝観料：無料

いいとこ、よりみち❻

FUSHIMI INARI TAISHA
伏見稲荷大社

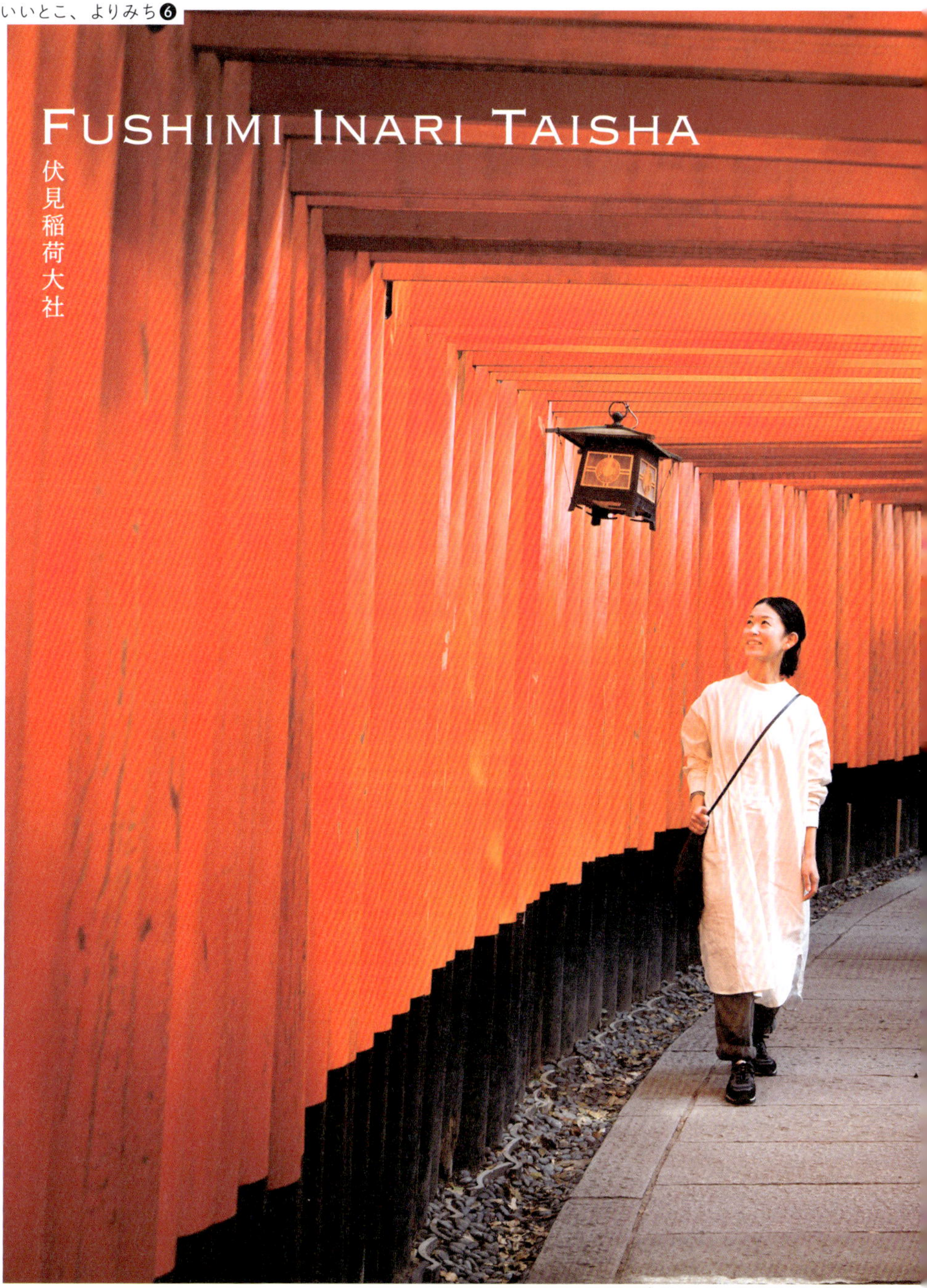

ちょっと遠くへ①

朝日焼 shop&gallery

asahiyaki shop&gallery

No.54 宇治

宇治川のほとりで現在進行形の茶文化にふれる

宇治の茶文化とともに約４００年もの歴史を歩んできた朝日焼の、日本茶への思いが詰まった場所が「朝日焼 ｓｈｏｐ＆ｇａｌｌｅｒｙ」。モダンな空間には、窯元の職人が作るうつわや、当主の十六世・松林豊斎《ほうさい》さんが手がける一点ものの作品が並びます。宇治川をのぞむテーブルはワークショップなどを行うスペース。奥には茶室があり、川辺の風景が四季の移ろいを伝えます。

茶人・小堀遠州が好んだ遠州七窯の一つである朝日焼ですが、四～七世のころは厳しい時代が続きました。朝日焼が夜明けを迎えるのは、八世・長兵衛（１８５３年～）の代。煎茶の流行に合わせ、代表作の一つ「河濱清器《かひんせいき》」の原型となる煎茶器を生み出したことが契機となりました。

茶器の使い心地や端正なデザインを体感しながら、「今」の感性にフィットした日本茶にふれることができる。その取り組みの一つとして、定期的に「河濱清器」をはじめとする朝日焼の急須を用いたワークショップを開催しています。

「急須もお茶も、作っているところを見ると『なぜここまで？』と思うほど手間がかけられている。丁寧に作られた道具でお茶をいれると、日常が豊かになると気づきました」と、ワークショップを主催する、ブランドマネージャーで豊斎さんの弟でもある松林俊幸さんは語ります。

光が降り注ぐ茶室は「茶室のロジックをくずさず、これまでにないモダンな空間に」という豊斎さんの思いをかたちにしたもの。２０１６年に十六世・豊斎を襲名した豊斎さんはこう話します。

「伝統を受け継いでいく責任を受け止めつつも、『この時代に合っている』と、同時代を生きる人々に共感してもらうことも大切です。そして、後世の人々が私たちの作品を見て、十六世のころはこんな時代だったと想像できるものを作りたい」

お茶に生かされ、お茶とともに歩んできた朝日焼にとって、お茶の魅力を通して未来へと歴史をつなぐ一歩。現代の私たちが、日本茶とどう関わり、暮らしてきたかということが、未来では「文化」と呼ばれるのかもしれません。

data

朝日焼 shop&gallery
［あさひやきショップ＆ギャラリー］
MAP P219 ⑧　☎0774-23-2511
京都府宇治市宇治又振67
10:00～17:00
月曜（祝日の場合は翌日休）・
最終火曜定休

1.ワークショップ「急須の手習い」は、毎月7日にHPにて募集を開始し、20日に実施。3,000円／1名（お菓子付き）で定員5名まで。2.宇治川に架かる朝霧橋が見える窓辺。3.茶室は、客座を宇治川が見えるように配しながらも床の間へと視線を導く構成。数寄屋大工「京こと」の協力を得て、細部まで作り込まれた。4.棚には工房で作られた朝日焼のうつわが並ぶ。5.ワークショップを行う俊幸さん。朝日焼の代表的な茶器「河濱清器」を用いて

1 2
3
4 5

上／完全予約制の古民家レストラン「わっぱ堂」のお弁当。予約要らずで人気の味を楽しめるのは、朝市ならでは。下／早春の山菜は里山ならではの自然の恵み。豊かな風味とたっぷりの量に驚く

ちょっと遠くへ②

大原ふれあい朝市

ohara fureai morning market

No.55　大原

里山の朝市は、にぎやかで清々しい

里の駅・大原で毎週日曜日に開催される朝市は、地元農家の有志が始め、20年以上続く大原の〝朝の顔〟。採れたての野菜を生産者から直接購入でき、軽食やお弁当などの露店もにぎわいます。朝6時に市がスタートすると、ここにしかない食材を仕入れに、和食からイタリアンまでさまざまな料理人たちが続々と。

「大原の独特の気候が、他にはない野菜の味を育てるんです。昼夜の寒暖差、それから霜。例えば、大原の特産物である赤しそは、香りも風味も格段に違う。大原でしか採れない力強い野菜の味が、プロの方にも通ってもらえる理由なんでしょう」と主催の中辻孝行さん。野菜の特徴やおいしい食べ方を教えてくれる、お店の人とのフレンドリーなやりとりにも心あたたまります。

早起きして市場の活気を味わったら、充実感がふだんとまるで違うことに気づきます。三千院、寂光院などの名刹を訪ねつつ、里山の風景と地元の人々との会話に癒やされに、訪れてみてください。

出店はすべて地元の店や生産者。他地域からの出店や加工食品に頼ることなく、大原ブランドを貫いている

1 2 3 | 4

1.コーヒーや、うどん、串焼きなどの軽食も。朝食を兼ねての食べ歩きもおすすめ。2.土付きのまま、採れたての野菜がずらりと並ぶ。3.有機栽培に取り組む農家も多く、にんじんなどは皮ごと食べられる。4.朝市を歩きながら、日が高くなっていく山あいの景色を眺めるのが気持ちいい

data

大原ふれあい朝市
［おおはらふれあいあさいち］
MAP P219 ⑨
京都市左京区大原野村町1012
里の駅大原 構内西南
毎週日曜6:00〜9:00

大原朝市

にんじん

古道具ツキヒホシ

furudogu tsukihihoshi

No.56　大原

名刹の参道にたたずむ隠れ家

平家物語ゆかりの寺・寂光院への参道沿い。小川のせせらぎを聞きながら歩いていると、橋の向こうに「古道具ツキヒホシ」の看板があります。「自然のそばで、自分の手で暮らしを紡いでいきたくて」、大原の古い古民家に移り住んだと言う店主の山本真琴さん。窓辺に季節の風景が切り取られ、寂光院へと向かう人々も足を止めてくれるこの場所が気に入り、店を始めました。

店に並ぶのは、高価な骨董品ではなく、ふだんの暮らしで使うことができる日本の道具。「木のお盆や漆器は、今では高価ですが、当時はたくさん作られていた日用品。現行品よりお手頃で、良い木が使われているんですよ」と山本さん。他にも、数百円台からそろう豆皿などの陶器のほか、医療用の薬瓶や味わい深いかごやざるといった、インテリアに取り入れやすい品々が並びます。

秋はひと足早く紅葉が始まり、春は名残の桜を咲かせる大原。里山の自然とともに歩む古道具店を訪ねると、古き良き日本の道具の美しさが、いっそう心に沁み入るはずです。

上／寂光院へと向かう参道沿いにたたずむ、隠れ家のような一軒。下／時を経て味わいを増したかごやざる。収納や花入れとして活躍しそう

data
古道具ツキヒホシ
［ふるどうぐツキヒホシ］
MAP P219 ⑨　☎090-5889-1039
京都市左京区大原草生町70
11:00～15:30ごろ
営業日はHPを確認　不定休

上／ケヤキの木の盆に豆皿(600円〜4,500円)をのせて。下／店主の山本さん。旅が好きで、海外をあちこち旅行して改めて日本のものの美しさに気づいたという

わたしの手みやげ帖 2

麩嘉の「麩まんじゅう」

5個入1,134円

ふんわりなのにもちもちの生麩の食感と上品な甘さで、何個でもぺろり。▷☎錦店075-221-4533［MAP P216②］京都市中京区錦小路堺町角菊屋町534-1　10:00～17:30　月曜、1～8月の最終日曜定休

長文屋の「七味唐がらし」

1袋340円

注文を受けてから調合するため香りや風味が格別。辛さや山椒の量の調節も可能。▷☎075-467-0217［MAP P219⑦］京都市北区北野下白梅町54-8　10:00～18:00　水曜・木曜定休

柏屋光貞の「おおきに」

1箱1,150円

色彩だけで京都の四季を想像させる一箱。味わいはプレーン、梅、柚子、黒糖など。▷☎075-561-2263（要予約）［MAP P217④］京都市東山区安井毘沙門町33-2　10:00～売り切れ次第終了　日曜定休

定番中の定番だけれど
何度贈っても、何度いただいてもやっぱりうれしい。
くり返し選ばれることは
それだけ誇らしいことなのだと、
京都の品々は教えてくれます。

末富の「京ふうせん」

25枚入1,080円

軽やかな麩焼き煎餅に、平安時代の女官装束の色目五色を砂糖がけ。▷京都タカシマヤ☎075-221-8811［MAP P216②］京都市下京区四条通河原町西入真町52 地下1階　10:00～20:00　無休

老松の
「香果餅」

1個194円

あんにドライフルーツを混ぜ、そぼろをまぶして焼き上げた京風月餅。洋菓子のようで和の味わい。▷☎北野店075-463-3050［MAP P219⑦］京都市上京区社家長屋町675-2　9:00～18:00　不定休

しののめの
「じゃこ山椒」

80g 864円

ふんわり繊細な口当たりと山椒の風味で、頼もしいごはんのおとも。▷☎075-491-9359［MAP P219⑥］京都市北区小山元町53　9:00～17:00　日曜・祝日・第2土曜(1、7、12月は営業)定休

柳桜園茶舗の「かりがね
ほうじ茶 香悦」

86g缶入1,080円

鳥獣戯画の茶筒が粋。京風に短時間で焙煎するため香り高く、お茶をいれる時も芳しい。▷☎075-231-3693［MAP P215①］京都市中京区二条通御幸町西入ル丁子屋町690　9:00～18:00　日曜定休

京都市内広域MAP

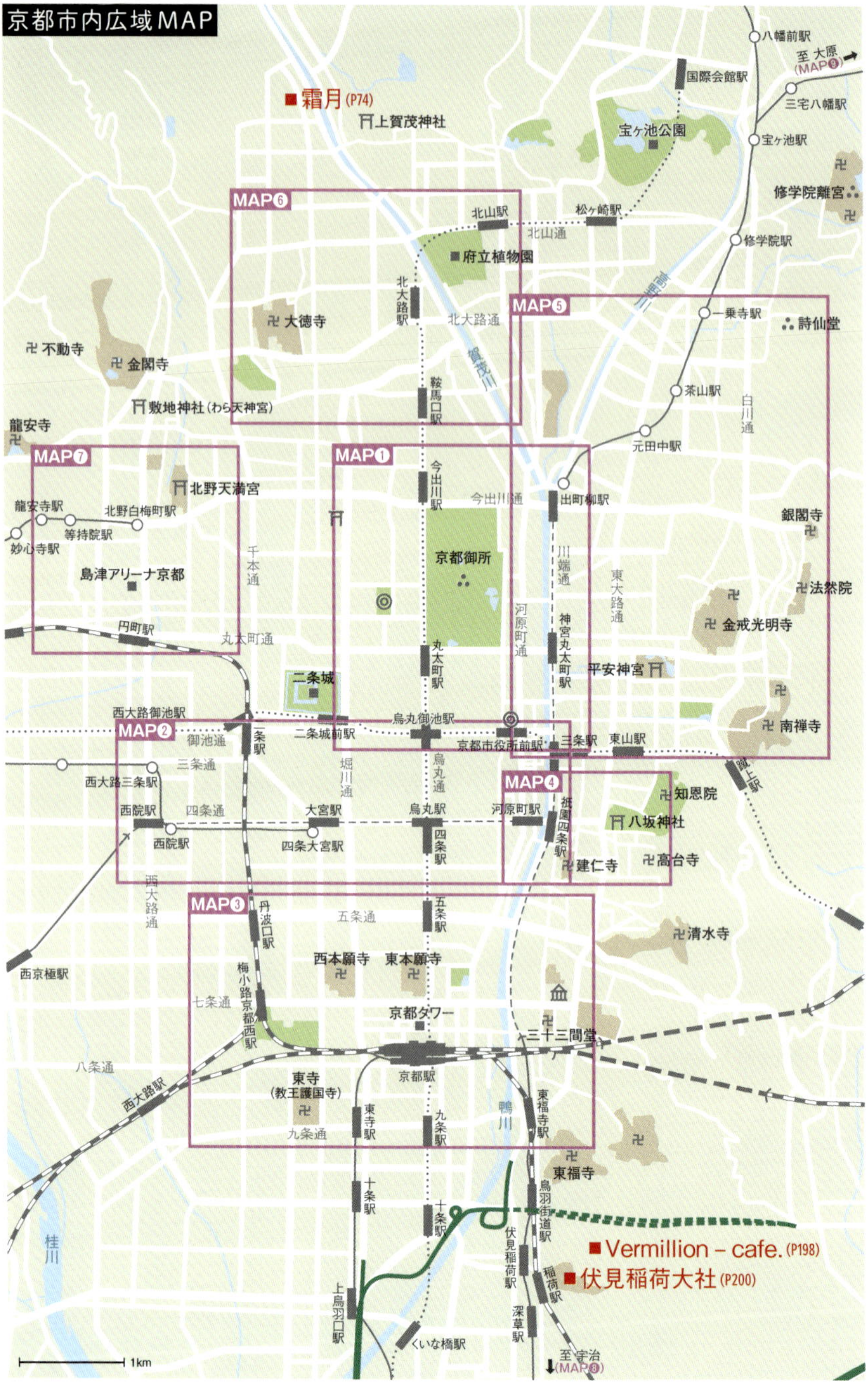

霜月 (P74)
上賀茂神社
八幡前駅
至 大原 (MAP⑨)
国際会館駅
三宅八幡駅
宝ヶ池公園
宝ヶ池駅
修学院離宮
修学院駅
MAP⑥
北山駅
松ヶ崎駅
北山通
府立植物園
北大路駅
北大路通
大徳寺
高野川
MAP⑤
一乗寺駅
詩仙堂
不動寺
金閣寺
賀茂川
鞍馬口駅
茶山駅
白川通
敷地神社（わら天神宮）
元田中駅
龍安寺
MAP⑦
MAP①
北野天満宮
今出川駅
今出川通
出町柳駅
龍安寺駅
北野白梅町駅
等持院駅
妙心寺駅
銀閣寺
京都御所
千本通
川端通
島津アリーナ京都
東大路通
法然院
河原町通
神宮丸太町駅
金戒光明寺
円町駅
丸太町通
丸太町駅
平安神宮
二条城
南禅寺
西大路御池駅
烏丸御池駅
MAP②
二条駅
二条城前駅
京都市役所前駅
三条駅
東山駅
御池通
蹴上駅
三条通
堀川通
烏丸通
MAP④
西大路三条駅
知恩院
西院駅
四条通
大宮駅
烏丸駅
河原町駅
祇園四条駅
八坂神社
四条駅
西院駅
四条大宮駅
建仁寺
高台寺
西大路通
MAP③
丹波口駅
五条駅
五条通
清水寺
西京極駅
西本願寺
東本願寺
梅小路京都西駅
七条通
京都タワー
三十三間堂
八条通
京都駅
東寺 (教王護国寺)
西大路駅
東寺駅
九条駅
九条通
鴨川
東福寺駅
東福寺
十条駅
鳥羽街道駅
桂川
伏見稲荷駅
Vermillion – cafe. (P198)
伏見稲荷大社 (P200)
稲荷駅
上鳥羽口駅
深草駅
くいな橋駅
至 宇治 (MAP⑧)
1km

MAP① 御所周辺

京都小慢(P28)
同志社大学
同志社女子中高
今出川駅
今出川通
河原町今出川
出町柳駅
母と子の森(P44)
鴨川
京都御所
京都府立医科大学附属病院
中立売通
京都ブライトンホテル
上長者町通
地下鉄烏丸線
京都府立医科大学
京都御苑(P44)
寺町通
河原町通
京阪本線
下長者町通
護王神社
仙洞御所
京都府庁旧本館
荒神口
出水通
山田松香木店(P32)
民の物(P26, 101)
京都市歴史資料館
MEMEME(P26)
下立売通
京都第二赤十字病院
冬夏(P10)
グリオット(P26)
Kit(P27, 101)
油小路通
小川通
神宮丸太町駅
河原町丸太町
丸太町通
寺町李青(P18)
堀川通
竹屋町通
釜座通
新町通
衣棚通
室町通
両替町通
丸太町駅
間之町通
高倉通
堺町通
柳馬場通
富小路通
麸屋町通
御幸町通
蕎麦ろうじな(P36)
ひつじ(P27)
ビストロ ベルヴィル・トルビアック(P14)
夷川通
辻和金網(P131)
革工房Rim(P42)
二条通
村上開新堂(P22)
まつは(P27)
ブション(P24)
柳桜園茶舗(P213)
押小路通
ハートンホテル京都
京都市役所
京都国際マンガミュージアム
BEFORE9(P38)
烏丸御池駅
京都市役所前駅
地下鉄東西線
200m

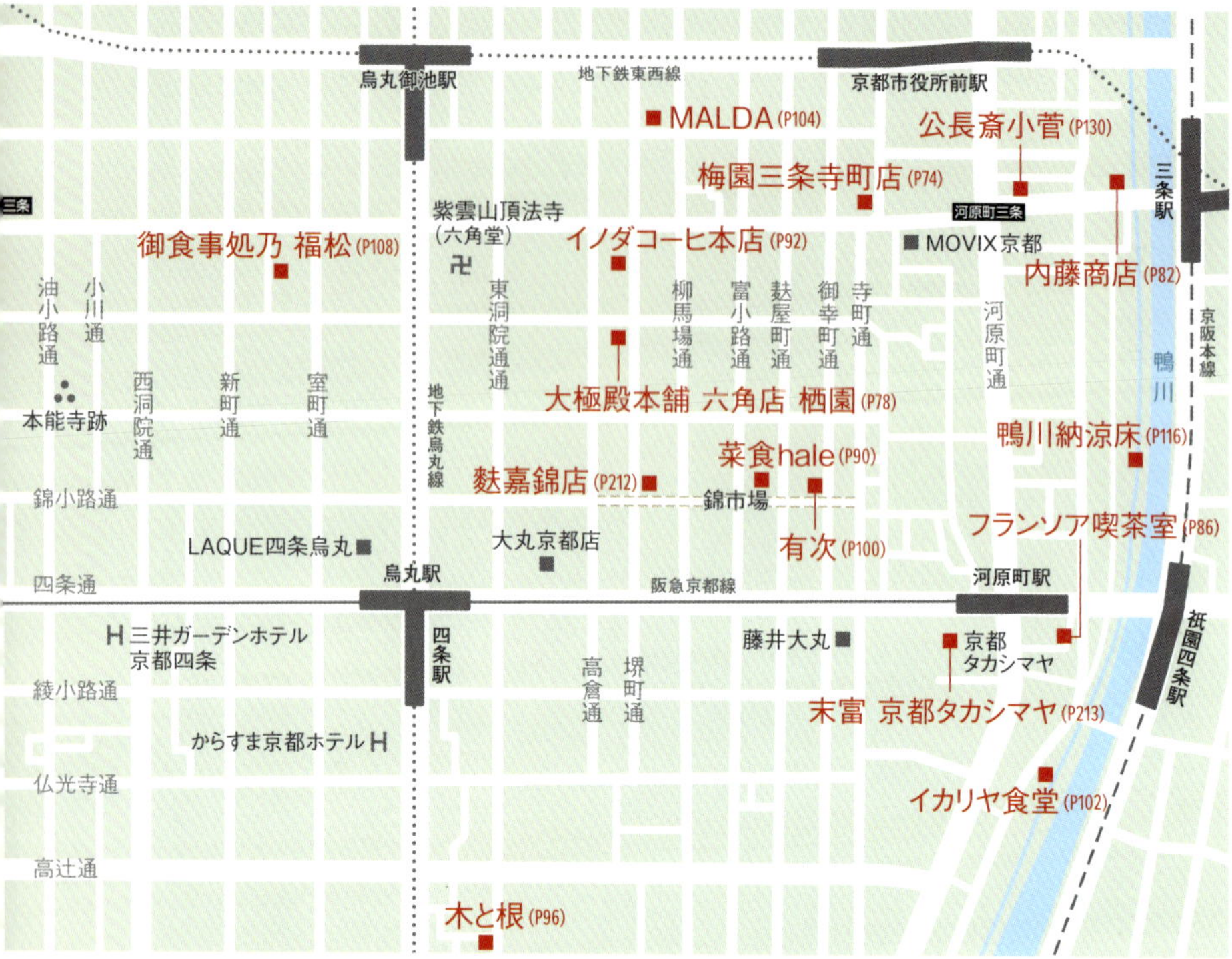
烏丸御池駅
地下鉄東西線
京都市役所前駅
MALDA (P104)
公長斎小菅 (P130)
梅園三条寺町店 (P74)
三条駅
三条
紫雲山頂法寺（六角堂）
河原町三条
御食事処乃 福松 (P108)
イノダコーヒ本店 (P92)
MOVIX京都
内藤商店 (P82)
油小路通
小川通
東洞院通
柳馬場通
富小路通
麩屋町通
御幸町通
寺町通
河原町通
京阪本線
鴨川
西洞院通
新町通
室町通
地下鉄烏丸線
本能寺跡
大極殿本舗 六角店 栖園 (P78)
鴨川納涼床 (P116)
菜食hale (P90)
麩嘉錦店 (P212)
錦市場
錦小路通
有次 (P100)
フランソア喫茶室 (P86)
LAQUE四条烏丸
大丸京都店
烏丸駅
四条通
阪急京都線
河原町駅
三井ガーデンホテル京都四条
四条駅
藤井大丸
京都タカシマヤ
祇園四条駅
高倉通
堺町通
綾小路通
末富 京都タカシマヤ (P213)
からすま京都ホテル
仏光寺通
イカリヤ食堂 (P102)
高辻通
木と根 (P96)

MAP③ 京都駅・五条

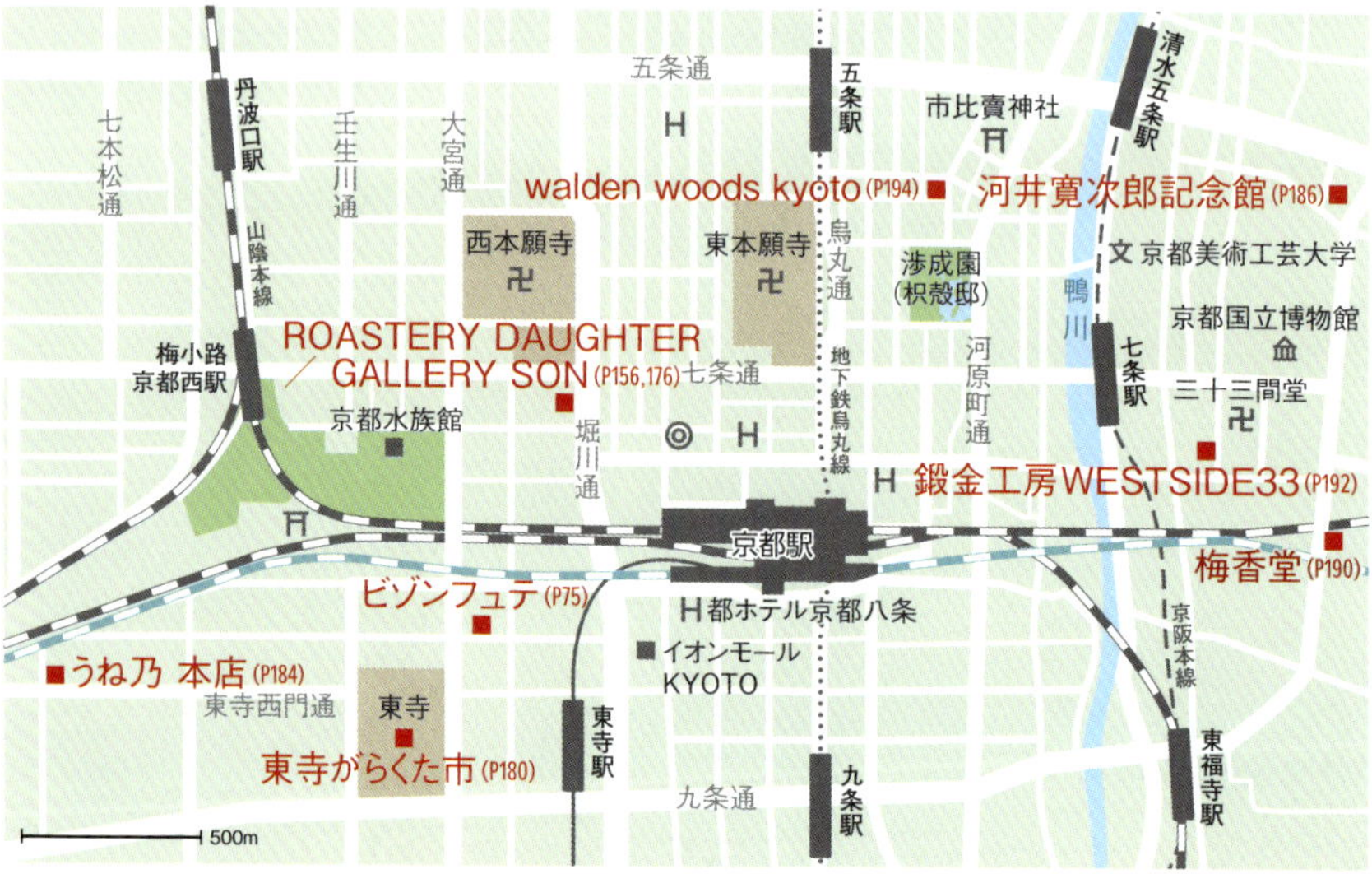
丹波口駅
五条通
五条駅
清水五条駅
七本松通
壬生川通
大宮通
市比賣神社
walden woods kyoto (P194)
河井寛次郎記念館 (P186)
山陰本線
西本願寺
東本願寺
烏丸通
渉成園（枳殻邸）
京都美術工芸大学
鴨川
京都国立博物館
梅小路京都西駅
ROASTERY DAUGHTER ／ GALLERY SON (P156,176)
七条通
地下鉄烏丸線
河原町通
七条駅
三十三間堂
京都水族館
堀川通
鍛金工房WESTSIDE33 (P192)
京都駅
梅香堂 (P190)
ビゾンフュテ (P75)
都ホテル京都八条
京阪本線
うね乃 本店 (P184)
イオンモールKYOTO
東寺西門通
東寺
東寺がらくた市 (P180)
東寺駅
九条通
九条駅
東福寺駅
500m

MAP② 街なか

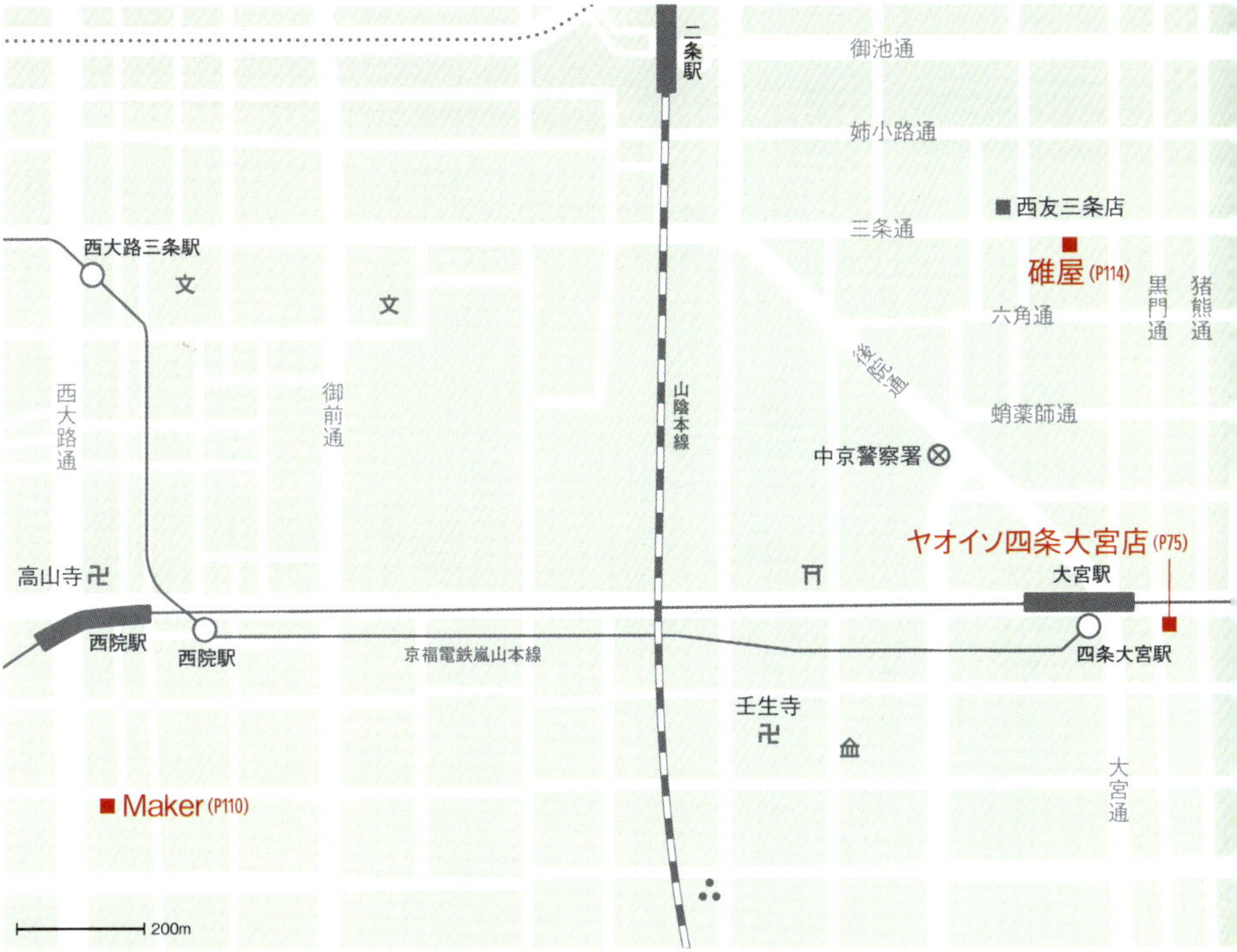

MAP④ 祇園

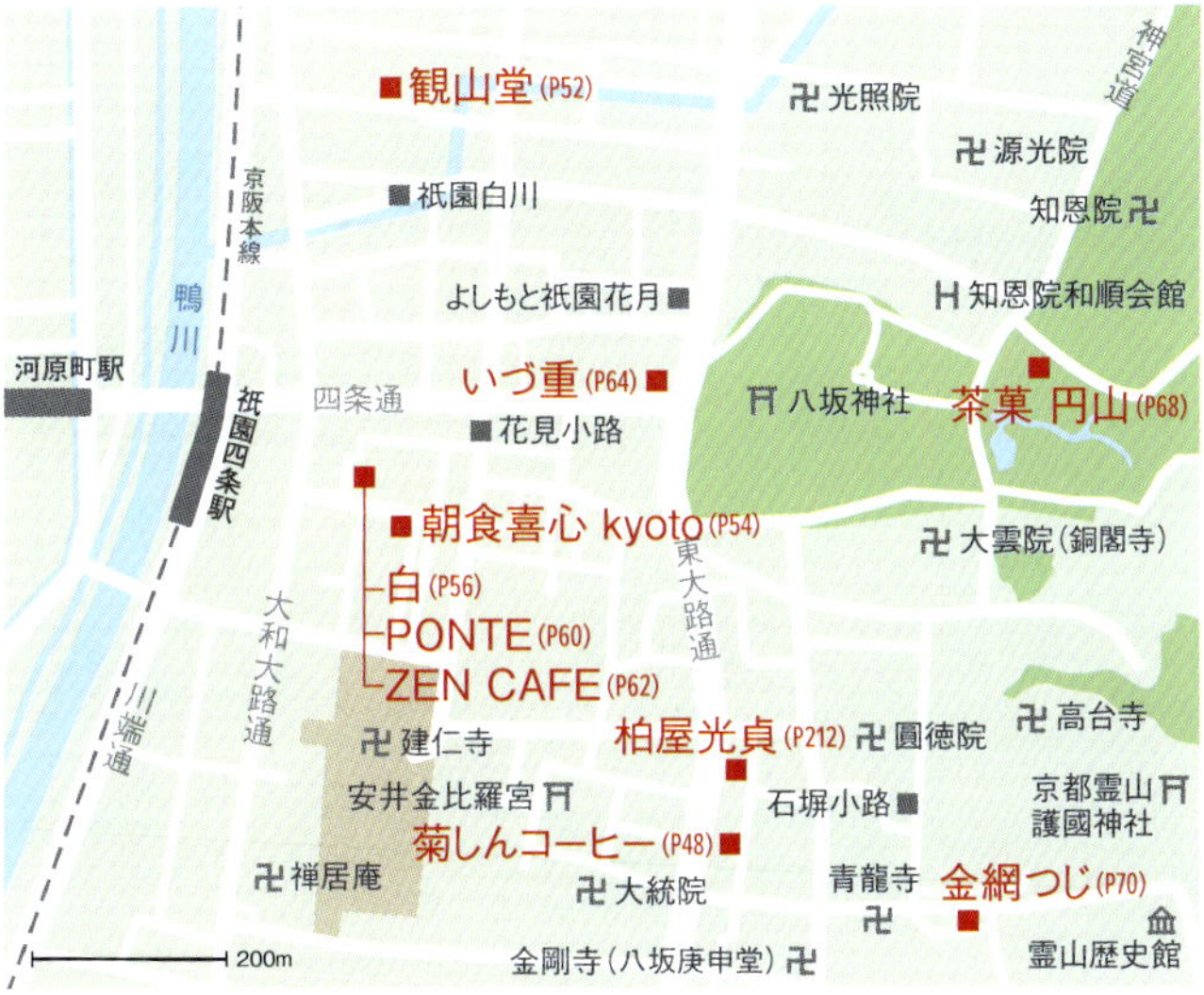

MAP⑤ 岡崎・左京区

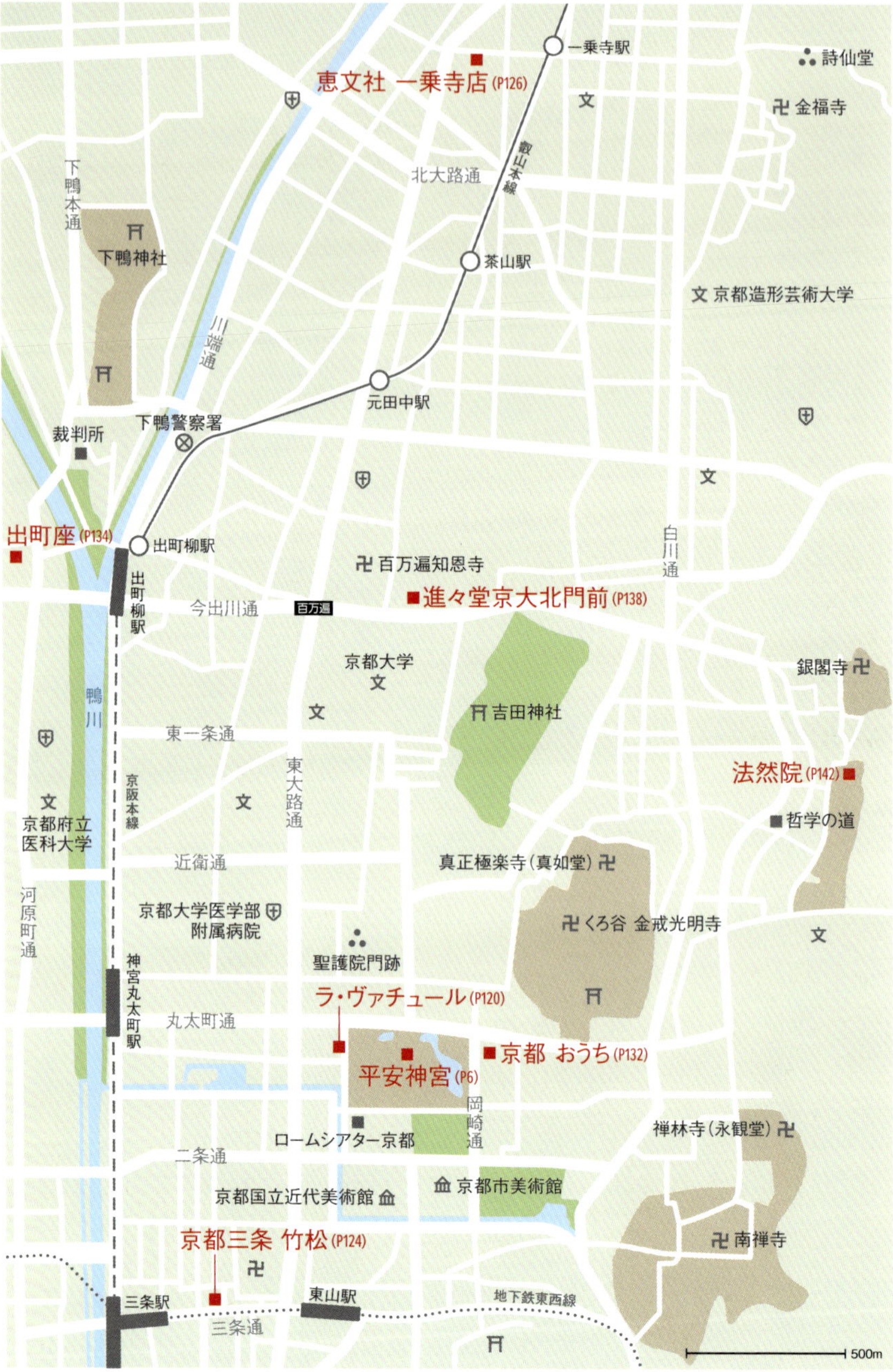
一乗寺駅
詩仙堂
恵文社 一乗寺店 (P126)
文
金福寺
叡山本線
北大路通
下鴨本通
下鴨神社
茶山駅
文 京都造形芸術大学
川端通
元田中駅
下鴨警察署
裁判所
出町座 (P134)
出町柳駅
出町柳駅
文
白川通
百万遍知恩寺
進々堂京大北門前 (P138)
今出川通
百万遍
京都大学
文
銀閣寺
鴨川
吉田神社
文
東一条通
東大路通
法然院 (P142)
京阪本線
文
京都府立医科大学
文
哲学の道
近衛通
真正極楽寺（真如堂）
河原町通
京都大学医学部附属病院
くろ谷 金戒光明寺
文
聖護院門跡
神宮丸太町駅
ラ・ヴァチュール (P120)
丸太町通
京都 おうち (P132)
平安神宮 (P6)
岡崎通
ロームシアター京都
禅林寺（永観堂）
二条通
京都市美術館
京都国立近代美術館
京都三条 竹松 (P124)
南禅寺
三条駅
東山駅
地下鉄東西線
三条通
500m

MAP⑥ 北山・紫野

MAP⑧ 宇治

MAP⑦ 西陣・北野天満宮

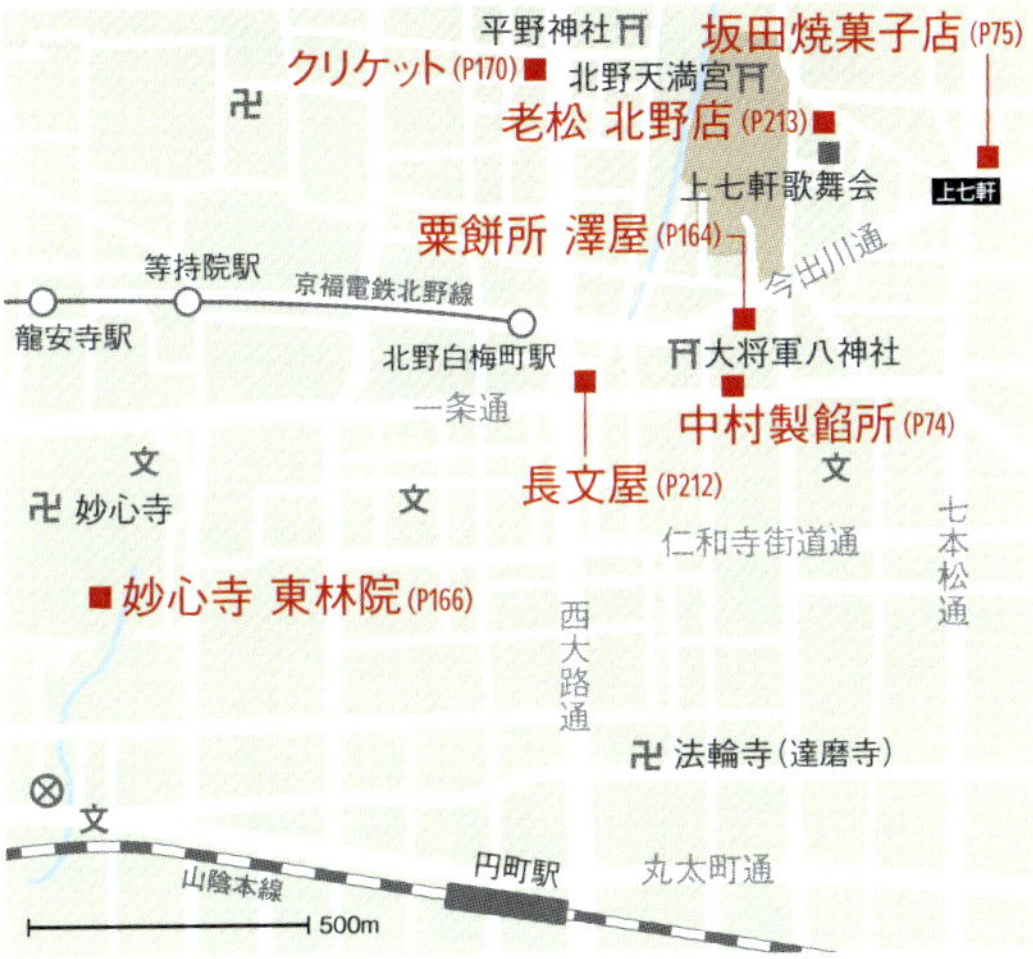

MAP⑨ 大原

おわりに

この本は、朝日新聞デジタル「&TRAVEL」の連載「京都ゆるり休日さんぽ」で
2016年11月～2019年4月まで掲載された記事から厳選、加筆修正し
新たに取材した京都の素敵なスポットを加えて制作しました。

毎週金曜日に更新する、京都の美しい場所や物語を感じる店のウェブ記事。
スマホやPCで、通勤時間や昼休みに読みながら
「なんだか京都を旅した気分になれた」と感じていただけたら。
そう願って記事を届けながらも、最初は、
画面の向こうにいる「人」の温度をリアルに感じる機会は多くありませんでした。

ある日、仕事でやりとりをしていた女性から
「いつも楽しみに読んでいる記事が、大橋さんが書いたもので驚きました」
とメッセージをいただきました。
宛名のない手紙を受け取ってくれている人が確かにいると実感し、
とてもうれしかったのを覚えています。

毎週書き綴った京都からの便りは積み重なり、
こうして一冊の本ができるほどの量になりました。

どこをめぐろうかと旅のプランを立てやすいよう、記事をエリア別に再編。
書き下ろしのコラムや季節の風景を添えました。

書籍化にあたり、
連載のパートナーとして透明感ある写真で記事を彩ってくれた、
フォトグラファーの津久井珠美さん
デジタルの素材にあたたかな存在感を与えてくれた、デザイナーの葉田いづみさん
毎週の連載に伴走してくださった、朝日新聞デジタル「&TRAVEL」の
星野学さん、上野聖二さんをはじめとする担当者のみなさん
そしてウェブの記事に目を留め、書籍化の実現と制作に尽力してくださった
朝日新聞出版の岡本咲さん、白方美樹さんに、心から感謝します。

そして、取材に協力してくださった京都のみなさん、
本当にありがとうございました。

この本が、京都への旅の小さな友人になることを願って。

2019年5月　大橋 知沙

INDEX

[illegible]

[illegible]

[illegible]